유혹의 기술
실전 지침서

유혹의 기술
실전 지침서

초판 1쇄 발행일 2015년 7월 31일
초판 2쇄 발행일 2016년 1월 20일

지은이 Kenshin
펴낸이 양옥매
디자인 최원용
교　정 조준경

펴낸곳 도서출판 책과나무
출판등록 제2012-000376
주소 서울특별시 마포구 월드컵북로 44길 37 천지빌딩 3층
대표전화 02.372.1537　**팩스** 02.372.1538
이메일 booknamu2007@naver.com
홈페이지 www.booknamu.com
ISBN 979-11-5776-065-7(03180)

이 도서의 국립중앙도서관 출판시도서목록(CIP)은 서지정보유통지원 시스템
홈페이지(http://seoji.nl.go.kr)와 국가자료공동목록시스템
(http://www.nl.go.kr/kolisnet)에서 이용하실 수 있습니다.
(CIP제어번호 : CIP2015020157)

소개팅헌팅   클럽나이트   재회컨설팅   2:2소셜만남

실전 지침서

유혹의 기술

Kenshin 지음

책나무

평소 한국 실정에 맞는 제대로 된 유혹의 기술 서적이 없다는 것에 늘 아쉬운 마음이 매우 컸습니다. 왜냐하면 유혹을 하는 기술이 연애를 지속하는 기술보다 100배는 더 어렵고 더 상위 개념이며 고급기술이고, 모르는 여성에게 접근해 유혹하는 기술이 알고 지내거나 소개받은 여성을 유혹하는 기술보다 100배는 더 어렵고 상위개념이며 고급기술이기 때문입니다.

무(無)에서 유(有)를 창조하는 '모르는 여성에게 접근해 유혹하는 기술'이 가장 상위개념이고 가장 전문적인 고급기술임에도 한국에서는 가장 천대받고 비정상적인 대우를 받고 있음에 참 아쉬웠습니다.

 그래서 더더욱 완성하고 싶었고 이 책을 쓸 수 있는 시간
과 여건을 마련하기 위해 프리미엄 실전강의를 잠시 그만두
어야 했습니다. 수많은 실전 경험으로 통계 후 검증과 분별
의 과정을 거쳤으며 사명감과 책임감을 가지고 집필하였습
니다.

 어프로치의 기술은 일명 우리가 말하는 헌팅이 절대 아님
을 분명히 말씀드립니다. 어프로치라는 것은 그 어떤 장소에
서 여성을 처음 대면하는 모든 상황이며 다른 남자들과는 차
별화된 모습과 기술로 호감을 얻어 내는 것을 말합니다.

 이 책은 여성의 습성이나 심리에 대한 설명이 아니라 남녀
의 다른 점 중 남자의 입장으로 특정 일부분만을 해석한 것
으로, 저의 근본은 여성을 유혹하고 성공적으로 연애를 하는
데 필요한 부분만 가르치고 설명하는 유혹의 기술자이지 여
성심리학자가 아니기 때문입니다. 또한 그것이 이 책의 정체
성입니다.

그러므로 이 책이 많은 분들에게 실질적으로 사랑을 이루는 데 도움이 된다면, 저는 그것만으로 충분히 감사할 뿐입니다. 마음에 드는 여성에게 매력을 발산하고 접근을 한다면 분명히 좋은 결과가 있을 것입니다.

어프로치는 유혹의 시작이자 유혹의 핵심이고, 처음이자 마지막이라고 할 만큼 중요합니다. 어프로치만으로 이미 마음의 전부를 얻을 수 있으니, 꼭 좋은 성과 있으시길 바랍니다.

Contents

대부분의 사람들 역시 헌팅을 할 때 전화번호를 얻는 것이 최종목적이자 결과라고 생각한다. 하지만 그렇게 계속적인 시도를 한다면 거절을 당하기 일쑤이며, 가장 중요한 여자의 심리를 파악하는 능력이나 접근의 기술이 늘지 않을 것이다.

01

실전 헌팅

노하우

1장

승낙&거절 이유와
전화번호

헌팅은 남자들이 가장 어려우면서도 매력적이라고 생각하는 분야이다. 남자의 접근이 너무나도 당연한 술집과 클럽과는 달리, 길거리 · 카페 · 지하철 · 도서관 같은 곳은 전혀 예상하지 못하는 곳이다. 무방비 상태에서 남자의 접근을 받게 되는데 이 때문에 나이트게임과는 다른 느낌이 있다고 할 수 있다.

헌팅의 가장 큰 장점은 바로 순수와 진실성을 가진다는 것인데, 나이트클럽이나 클럽, 부킹술집 같은 곳은 목적이 뚜렷한 것과는 대조된다. 그렇기에 헌팅에서 100% 성공률을 자랑할 수 없으며, 변수나 거절도 상당 부분 존재한다.

만약 연락처를 받고 난 후에도 더 많은 이야기를 나눌 수 있다면, 더 많은 얘기를 나누 것을 권한다. 번호만 받고 가는 것이 가장 안 좋은 방법이고, 흥분하거나 긴장한 상태에서 바로 연락처를 물어보고 번호를 받자마자 바로 가 버리는 것은 더 안 좋은 방법이자 안 좋은 인상을 심어 주기 때문이다.

그럼 여성이 번호를 주는 이유는 무엇인가? 번호를 주는 이유가 단순히 '당신이 마음에 들어서 기다릴 테니 꼭 연락하라'는 의미만이 있는 것이 아님을 알아야 한다. 여성이 번호를 주는 이유를 몇 가지 나열해 보면 다음과 같다.

1. 당신이 마음에 들어서이다.
2. 민망하거나 그 상황이 부끄러워서이다.
3. 끈질기게 달라붙기에 귀찮아서 주는 것이다.
4. 용기가 가상해서 그냥 보상으로 주는 것이다.
5. 친구들이나 지인들에게 자랑하기 위함이다.
6. 아무 생각 없이 주는 것이다.

그럼 반대로 여성이 거절하는 이유는 무엇인가?

1. 내가 마음에 들지 않기 때문이다.

2. '헌팅' 자체를 아주 부정적이고 부끄럽게 생각하기 때문이다.

3. 자신이 사냥감 또는 먹잇감이 된 느낌 때문이다.

4. 기분이 안 좋거나 낯선 사람을 상대할 여유가 없기 때문이다.

5. 남자 친구와 주변 친구들의 사회적 의무와 인지도 때문이다.

이렇게 다양한 이유로 여성이 번호를 줄 수도 있고 안 줄 수도 있는 것이다. 그러면 위에서 간단하게만 언급한 이유가 10가지 정도 되는데 만일 내가 번호를 받는다면, 긍정적인 반응 6가지 중에 내가 마음에 들어서 번호를 주는 확률은 6분의 1밖에 안 되는 것이다. 이는 곧 그 6분의 1중에 해당되는 여성을 찾아내 정말 열심히 유혹을 해야 함을 의미한다.

여성이 낯선 남자인 나와 고작 1~2분 동안 만나고 이야기를 한 후 연락을 계속 이어지게 하려면 어떻게 해야 할까? 그래서 늘 두 가지를 염두에 두고 임해야 한다.

첫 번째, 어프로치 시간이 1분~2분밖에 안 되기 때문에 아주 강력한 매력을 보여 주어야 한다는 것이다. 그녀에게 '나'라는 남자를 확실하게 각인시키고, 오히려 내에게 빠져

드는 효과를 노리는 식의 어프로치가 필요하다.

두 번째, 어프로치 시간이 짧기 때문에 번호는 2차 목적에 두고 대화에 주력하는 것이다. 시간이나 여건이 된다면, 어프로치 직후 간단한 차 한 잔이나 가는 곳까지 같이 걸으면서 이런저런 이야기를 나누는 것도 좋은 방법이다.

여기에서 이 두 가지 모두 좋은 방법이고, 사람의 재능이나 스타일에 따라 선호하거나 좋아하는 방법이 각기 다르겠지만 중요한 것은 그녀에게 나를 각인시키고 최대한 나를 노출시키는 것에 목적을 두어야 한다는 점이다.

어떤 방법을 쓰건 그녀에게 나를 확실하게 각인시키고 아쉬움을 남겨, 추후에 연락으로 대신하자는 의미로 연락처를 교환하는 것이 헌팅의 가장 큰 목적이자 가장 좋은 방법이라 할 수 있다. 아무리 자신이 화려한 화술과 훌륭한 외모의 소유자라 할지라도 여성에게 각인이 안 된다면 금방 잊힐 것이고, 여성은 여러 가지 다른 일들로 인해 당신을 머릿속에서 지울 것이다.

한국에서는 보통 '헌팅'이라고 하면, 아주 가볍고 어린애들이 장난으로나 한 번씩 하고 나이가 어느 정도 있는 사람들은 할 수 없다고 생각한다. 그러나 나는 지금까지 이 '헌팅'으로 20~30대 여성들과 수많은 데이트를 즐겼다.

일반인들이 부정적으로 말하는 일명 '헌팅'을 수천 번을 해 보면서 앞에서 말한 이런 부정적이고 천박하다고 하는 사람들을 정말 많이 봤다. 그러나 그런 선입견을 가지고 있더라도 내가 의도하지는 않았지만(단지 그때 정말 마음에 드는 여성이 있었다), 정확한 어프로치의 기술과 원리에 입각해 어프로치하는 모습을 보면 남녀 모두 똑같이 말한다.

"와우~ 믿을 수 없어!"

"정말 대단하시네요. 저도 좀 가르쳐 주세요. 제발요. 부탁드리겠습니다."

"우와~ 오빠 너무 멋진 거 같아요. 이런 남자 처음 봤어요."

하면서 눈빛이 초롱초롱해진다. 이런 현상은 왜 일어나는가? 전문가를 통해 자신이 경험해 보지 못한 "가장 강한 것이 가장 아름다운 것이다."라는 말처럼 자신들이 생각하는 그런 어설픈 헌팅이 아닌 진짜 실력자의 어프로치를 직접 눈으로 보니, 헌팅에 대한 모든 편견과 사고가 달라지고 인식 또한 달라진 것이다.

일명 우리는 '헌팅'이라면 남자는 쭈뼛쭈뼛 여자 주변을 서성이다 자신감 없고 조심스럽게 허리를 굽실거리며 "저기, 정말 죄송한데 실례가 안 된다면 번호 하나만 얻을 수 있을까요?" 하며 구걸하듯이 말하는 모습을 떠올린다.

이런 부정적인 사회적 이미지 때문에 모르는 여성에게 접근하는 것에 대한 두려움을 가지는 경향이 있다. 내가 〈작업의 정석〉에서도 말했지만 '유혹자=강한 남자'라는 공식처럼 이런 헌팅의 부정적 이미지를 바꾸어 주시길 바란다.

2장

100% 성공률
헌팅의 정석

초보자와 고수를 어떻게 구분할 수 있을까? 초보자와 고수를 구분하는 가장 손쉬운 방법은 바로 콜드 어프로치만 보았을 때 임하는 자세일 것이다. 물론 경력이나 번호를 얻어 내거나 합석을 잘하는 것으로 평가할 수도 있다. 그러나 그러한 결과만 보고 말한다면, 운이 좋았던 경우도 있고 원래 남자에게 호의적인 여자도 있다는 것이다. 그래서 여성과 어떤 결과가 만들어졌다고 해서 전부 실력자가 아니라는 것이다.

반대로 여성에게 거절을 많이 당한다고 해서 꼭 하수라고 할 수도 없다. 왜냐하면 아무 여자나 다 번호를 물어보는 배고픈 하수와 달리, 경력이 오래되거나 고수인 경우 상위 1% 퀸카에게만 접근하는 사람도 있기 때문이다.

지금으로부터 7년 전 내가 초보자였던 시절, 대형 연애커뮤니티에 연애칼럼을 연재하는 칼럼니스트로 활동하던 시절이 있었다. 그때 연애칼럼니스트들끼리 한번 모여 친목을 쌓는 일이 있었는데, 길거리에서 뜻하지 않게 실력자라고 소문난 유혹의 기술자의 헌팅 장면을 목격하게 되었다.

나는 그 광경을 보고 정말 깊은 영감을 받게 되었고, 찬사를 아끼지 않았으며 그를 존경하고 동경하게 되었다. 하지만 내 옆에 있는 다른 칼럼니스트는 정말 어처구니없는 말을 했다. "잘하기는 무슨…… 까였네(거절당했네)." 나는 그 순간 그 칼럼니스트가 실력이 없고 유혹과 연애를 책으로만 배우고 실전을 못한다는 그 소문을 확신하게 되었다. 그것은 매우 잘못된 자세이고, 초보자들이나 하는 생각이고 평가이기 때문이다.

그 픽업아티스트 강사의 콜드 어프로치 자세와 태도, 기술은 나보다 더 높은 경지였으며 그는 정말 어프로치의 정석을 보여 주었기 때문이다. 지금의 남자 친구에게 매우 만족하고 있는 그 여자가 아닌 다른 여성에게 접근했다면, 아마 엄청난 호감을 이끌어 냈을 것임을 나는 알기 때문이다.

만약 누군가가 거절당할 때의 그 모습만 보았다면, 그 상황의 모습만을 기억하고 '그는 실력자가 아니다.'라고 정의할 수도 있다. 하지만 그것은 정말 안목이 좁은 것이라고 말해 두고 싶다.

거절과 성공 역시 실력에 정말 큰 성과이기도 하지만 얼마만큼 올바른 태도와 자세에 입각해 최선을 다해 제대로 된 어프로치를 하였느냐가 그 사람의 진짜 실력이고 몸에 익힌 그동안의 경력을 말해 주는 것이지, 구걸하듯 혹은 협박하듯 매달려서 연락처를 얻었다고 한들 그다음에는 연속적인 실패가 기다리고 있을 것이기 때문이다.

3장

Direct &
Indirect

다이렉트(Direct)

다이렉트는 '바로 직행하다'는 의미를 가지고 있다. 말 그대로 직접적으로 상대방에게 호감을 선언하거나 관심을 표현하는 어프로치 방칙을 말(하는 것이)한다. 빠른 시간 안에 여성에게 의도를 드러내 감정을 상승시킬 수 있어 효과가 가장 크다.

예를 들어 "그쪽 마음에 들어서 그러는데 연락처 좀 주세요.", "그쪽이 제 이상형인데 연락처 좀 주세요." 등과 같이 직접적으로 여성에게 접근한 목적을 먼저 말하는 것이다.

직접적인 다이렉트 방식은 외적인 수준도 사실 뛰어나야 하고, 보디랭귀지나 비언어적 요소 그리고 멘트의 차별화도 뛰어나야 한다. 만약 잘되었을 때에는 여성에게서 가장 빠른 반응을 볼 수 있는 것도 다이렉트 방식이다. 여성도 나에게 호감이 있다는 전제에서 사이를 시작하는 것이니 돌려서 말할 필요가 없고, 매력발산만 잘한다면 1주일 안에 만나서 데이트가 가능할 것이다.

또한 한국의 정서와 문화상 다이렉트 방식이 가장 좋다고 생각한다. 일단 낯선 사람이 접근했을 때 목적을 먼저 보이는 것인데 오히려 이 방법이 한국에서는 좋다고 저자는 생각한다.

장점

1. 짧은 시간 안에 많은 여자에게 접근할 수 있다.
2. 빠른 시간 안에 결과를 볼 수 있다.
3. 성공하게 되면 관계가 급진전되어 애프터로 이어진다.
4. 기운이나 에너지 낭비가 인다이렉트에 비해 덜 소모된다.

1. 거절당할 확률이 높다.
2. 여성의 순간 친밀도와 신뢰의 부족으로 연락 시 부재로 이어지기 쉽다.
3. 실력보다는 운에 의지하고 남자 친구 신공에 약하다.
4. 스타일과 외적인 부분에 치중한다.

이런 장점과 단점을 우선 파악한 후 시작하는 것이 본인에게 큰 도움이 될 것이다.

인다이렉트(Indirect)

인다이렉트는 다이렉트와는 정반대의 개념으로 생각하면 된다. 즉, 다이렉트가 직접적이라면 인다이렉트는 간접적인 방식이며 우회적으로 의도를 숨기는 데 그 의미가 있다. 물론 개념과 원리를 정확하게 인용한다면 여러 가지 어프로치 방식이 많겠지만, 가장 크게 둘로 나눈다면 다이렉트와 인다이렉트 방식 두 가지만을 생각해도 될 것이다.

다이렉트가 호감선언을 먼저하고 그다음 이야기를 진행하는 형식이라면, 인다이렉트는 그 어떤 명분이나 소재꺼리, 의견 등을 먼저 물어보면서 시작하는 것이다. 이것은 우리에게 가장 잘 알려진 방법 중 하나인 길을 물어보기도 이것에 해당한다. 예를 들어 "여기 강남구청으로 가려면 어디로 가야 하나요?", "이번에 그 영화배우가 이곳에 온다는데, 혹시 알고 계시나요?"와 같은 것이다.

그러나 처음에 의견이나 질문을 먼저 하고 대화 도중 호감선언으로 전환하는 것은 인다이렉트에서 시작해 다이렉트로 전환한 것이지, 결코 처음부터 끝까지 인다이렉트가 아니다. 사람들이 인다이렉트라고 해서 하는 것을 보면 중간에 호감선언으로 전환을 하는데, 그것은 어디까지나 인다이렉트로 시작해 다이렉트로 전환하여 번호를 받아 내는 데 목적을 드러낸 것이다.

인다이렉트는 끝까지 호감선언을 하는 것이 아니고, 어떤 명분과 정당성으로 '다음에 또 볼 일이 있으면' 또는 '다음에 또 기회가 되면'이라는 전제로 번호를 교환하는 것이다.

한국에서는 인다이렉트만으로 번호를 얻을 수는 있지만, 판매원이나 종교단체, 다단계 직원으로 오해를 살 수도 있어 인다이렉트로 시작해 다이렉트로 전환하여 번호를 교환하는 것이 가장 좋다.

또한 인다이렉트는 사실상 퀸카라는 여성들에게 잘 통할 수도 있다. 우리 선배들이 가장 애용했던 방법 중에 하나가 연애기획사를 사칭해 연락처를 얻어 내는 기술이었다. 내가 실제로 수많은 퀸카들에게 헌팅을 해 봤는데, 그녀들의 공통된 말은 다음과 같은 양상을 보였다.

퀸가: 사실 번호 물어보는 남자는 많았지만 정말 이렇게 번호 주고 연락하는 것이 낯설었어. 오빠는 왠지 호감이 생겼어.

켄신: 왜?

퀸가: 다른 남자들은 다짜고짜 "연락처 알려 주세요." 하고 번호부터 물어보는데, 오빠는 앞에 스토리가 있는 것 같아서…….

켄신: ('그것이 루틴이라는 거야.'라고 말하고 싶었지만) 아, 정말? 사실 떨려서 무슨 말을 했는지 기억이 잘 안 나기는 하지

만, 번호부터 물어보면 싫어?

퀸가: 응. 최소한 길이라도 물어보고 말하면 덜 당황하거나 덜 놀랄 텐데 다짜고짜 번호부터 물어보는 건 싫어!

이 말은 한명의 퀸카만 한 것이 아니라 수년 동안 수많은 여성들이 나에게 한 공통적인 말 중에 하나였다. 그래서 본인의 기준에서 굉장히 예쁘거나 퀸카라고 생각된다면, 바로 번호를 물어보는 것보다는 먼저 의견이나 질문을 먼저 하고 어느 정도 대화를 나눈 후 호감선언으로 전환해 친하게 지내고 싶다는 것을 알리는 것이 좋다.

장점

1. 거절당할 확률이 적다.
2. 여자의 방어벽이 낮은 상태에서 편안하게 이야기할 수 있다.
3. 여성의 순간 친밀도와 편안함을 쌓을 수 있고, 연락 시 부재할 가능성이 적다.
4. 이야기하면서 여자의 정보를 쉽게 알 수 있어 칼리브레이션이 가능하다.

단점

1. 한 여자에게 너무 많은 시간과 노력을 기울인다.

2. 거절당할 시 큰 에너지를 낭비한다.

3. 연속으로 다수의 어프로치를 하지 못한다.

4. 빠르게 걸어가는 여자에게는 부적절하다.

5. 외부인에 대한 경계심이 높은 한국에서는 낯설다.

4장

헌팅에서의
여성 무리

    헌팅을 할 때 여성의 무리는 크게 "우두머리 여성+그녀", "퀸카+호위병", "친구+친구" 크게 세 가지 조합으로 나눌 수 있다.

    먼저 "친구+친구" 조합은 크게 문제가 없다. 접근을 했을 때 크게 저항이나 방해가 없기 때문에 상대하기에 가장 좋은 조합이다. 이런 조합은 실제로도 여성의 인격이나 분위기도 좋았다.

    그리고 "우두머리 여성+그녀" 조합은 가장 예쁘거나 가장 영향력 있는 연장자가 우두머리 여성이며, 그의 동의나 승낙을 받아 내면 좋다. 먼저 우두머리 여성에게 말을 걸고 동의를 구하거나 최소한 절대 무시하는 식으로 대하면 안 될 것이다.

예를 들어 그녀에게 "그쪽 마음에 들어서 그러는데 연락처 좀 주세요."라고 말했는데 옆에 있는 우두머리 여성의 심기가 불편하다면, 우두머리 여성을 향해 최소한의 한마디 배려나 동의를 구해야 한다는 것이다. "아, 저 이상한 사람 아니에요. 일행분이 정말 마음에 들어서 그러는데 저 1분만 얘기하게 해 주세요. 괜찮으시죠?"라고 한다면 대부분의 우두머리 여성은 그것에 정중히 응할 것이다. 그리고 난 후 다시 마음에 드는 그녀에게 말을 계속하면 되는 것이다.

가장 골치 아프면서 힘든 조합이 바로 "퀸카+호위병" 또는 "엘프+오크"라고 하는 조합인데, '호위병'이나 '오크'라고까지 표현하는 이유는 그들의 행태가 참으로 당신이 그녀에게 가는 길에 장애가 되거나 어려움을 주기 때문이다. 아무리 좋은 접근과 진심을 담아 말을 걸어도 한방에 초치는 소리와 행동을 하기 일쑤이다.

이럴 때는 호위병 혹은 오크를 우두머리 여성을 상대하듯이 그녀의 권위를 존중해 주거나 베려해 주어서는 안 된다. 만약 우두머리 여성에게 하듯이 "아, 저 이상한 사람 아니에요. 일행분이 정말 마음에 들어서 그러는데, 저 1분만 얘기하게 해 주세요. 괜찮으시죠?"라고 한다면 호위병&오크들은 이렇게 말할 것이다. "아니요, 됐거든요. 가 주시겠어요?" 하면서 당신을 더 만만하게 보거나 민망함이나 무안함을 줄 것이다.

따라서 호위병은 존중해 주는 것이 아니라 제압을 해야 한다. 호위병이 갑자기 나서려고 한다면 강력한 아이컨택으로 "가만히 있어!"라고 말하는 듯한 강한 눈빛을 보내거나 호위병을 제재하는 듯한 보디랭귀지를 취하면서 "그쪽한테 얘기하는 거 아니니깐 잠깐만요." 식으로 강한 느낌을 주고, 엘프에게는 바로 부드러운 느낌으로 전환해 이야기를 이어 나가면 된다.

5장

길거리 헌팅
실전 접근과 루틴

걸으면서 움직이는 여성을 상대로 어프로치를 하려면 어느 정도 공간 인지능력과 거리에 대한 개념이 있어야 한다. 그녀가 걸어가는 속도와 앞에 일어날 상황, 그리고 걷는 중에 어느 쪽으로 방향을 틀지도 예상에 넣어 두어야 한다.

가장 중요한 것은 바로 '헌팅은 타이밍'이라는 것이다. 갑자기 이상하게 등장한다면 말도 못 걸고 실패하게 되기 때문이다.

먼저 그녀가 눈치 채거나 뻔히 알아차릴 것 같은 미행이나 졸졸 따라다니는 행위는 안 될 것이다. 그녀가 눈치 채거나 인지하지 못하게 같은 방향으로 조용히 같이 걸어간다. 그리고 가급적이면 사람이 없는 시점이나 지점에서 그녀에게 접근한다. 접근할 때는 조용히 그리고 나를 인지할 정도의 느낌만 주면서 부드럽게 그녀의 정면에서 30~45도 방향으로 다가가 보디랭귀지와 아이컨택을 동시에 하면서 "저기요."라고 말한다.

이때 그녀와 거리는 1미터를 유지해야 한다. 이것보다 더 가깝게 다가선다면 그녀는 겁을 먹거나 부담스러워 할 것이고, 더 멀리 떨어진다면 나에 대한 집중도가 약해지기 때문이다. 그래서 가장 이상적인 거리는 1미터가 적당하다.

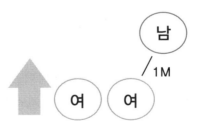

이때 태도는 꼭 당당하고 자신감에 가득 찬 자세(허리와 어깨를 펴고 턱을 당기고 시선은 전방)로 서 있어야 하며, 야외라면

목소리를 크게 하는 것이 좋다. 하지만 가장 중요한 것은 이렇게 걸어가는 여성을 먼저 정지시키는 것이다.

그리고 여성의 걸음을 정지시킨 후 강력한 아이컨택과 부드러운 미소로 나에게 집중시켜야 한다.

이후 두 눈을 응시하면서 계속 말을 이어 나가면 된다.

켄신: 저기요, 너무 궁금해서 그러는데 뭐 하나만 물어볼게요.

그쪽 뭐 먹고 그렇게 예뻐요?

여자: 네? ㅋㅋㅋ

켄신: 그쪽 키도 크시고 옷걸이도 좋으시고 해서 어떤 분인지

궁금해서 왔어요. 혹시 학생이세요?

여자: 학생 아니에요.

켄신: 정말요? 얼굴이 학생처럼 보여서('동안이다'라는 말의 우

회표현) 저는 거래처에 볼일 보고 집 가는 길인데요. 그쪽

저기서 계속 걸어오는 봤거든요. 정말 예쁘시더라고요.

근데 가까이서 보니깐 음……. (2초간 정지)

여자: ????? (집중)

켄신: 귀여우세요. ^^

여자: ㅋㅋㅋㅋ^^

켄신: 저 사실은 장난치려고 온 게 아니라 생각하고 왔거든요.

여자: 네?

켄신: 그쪽이 마음에 들어서요.

여자: ^^

켄신: 그쪽도 지금 볼일 보러 가야 되니깐, 그럼 이렇게 해요.

저는 사실 이 길로 가는 게 아니라 반대편으로 가야 되는

데 그쪽 때문에 여기까지 온 거니깐. 연락처 주세요. 제

가 지금 말고 이따가 연락드릴게요. 친하게 지내고 싶어서 그래요.

연락처 교환 후, 그냥 가지 말고 약간의 대화를 더 나눈다.

켄신: 혹시 오렌지 주스 좋아하세요? 제가 집이 엄해서 그러는데 우리 언제 오렌지 주스 한 잔 해요.

여자: ㅋㅋㅋㅋㅋ 오렌지 주스요?

켄신: 네. 제 얼굴 보면 아시겠지만 착하게 생겼잖아요. 저 착한 사람이에요.

여자: ㅋㅋㅋㅋ 네? 네.

켄신: 저 정말 그쪽이랑 친하게 지내고 싶어서 그래요! 이따가 연락드릴게요. 꼭 답장 주세요.

여자: 네!

켄신: 제가 사실은 A형이거든요. 마음이 순수한 사람이에요. 답장 안 주시면 상처받을 수도 있어요.

여자: 네, 알겠어요.^^

켄신: 조심히 가세요. (손 흔들면서)안녕~!

여자: 네~!

지하철 카페 여성 공략
대화멘트

지하철, 카페, 음식점 등 '정지해 있는 여성'이란 그 어떤 장소에서 앉아 있거나 누군가를 기다리거나 잠시 서 있는 등 한 자리에 머물러 있는 여성을 지칭한다.

지하철이나 카페 음식점에 앉아 있는 여성들에게 접근할 때는 절대 먼저 그녀들의 자리나 옆에 허락 없이 앉아서는 안 된다. 어떤 사람들은 무작정 앉아서 그녀들에게 말을 걸기도 하는데, 그것은 상당히 무례한 행동이며 그녀들의 평가 또한 긍정적이지 않을 가능성이 높다. 처음 어프로치를 하게 되는 분들의 경우 너무 갑작스럽게 다가가서 급하게 말을 거는 경우를 종종 보게 되는데, 이것은 여성의 직감상 자신감이 없거나 우두머리 남자로 보이지 않는 가능성(가치나 매력이 떨어져 보이는)을 크게 보여 주는 행동이다.

그녀에게 먼저 접근하기 전 자연스럽고 조용히 다가가 그녀와 친구가 앉아 있는 중간, 테이블에서는 30㎝정도 약간 떨어져 여유 공간을 두는 것이 좋은 방법이다.

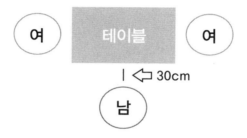

그리고 그녀들이 놀라지 않게 부드러운 아이컨택과 미소로 "저기요."라고 말을 하는 것이 좋은 방법이다. 처음 접근해서 말을 할 때는 바로 그녀에게 말을 걸지 말고 꼭 그녀의 친구에게 먼저 말을 걸어야 한다.

그녀의 친구들에게 먼저 말을 걸지 않고 바로 그녀에게 관

심표현을 하고 연락처를 교환하는 동안 질투심과 무시당함
에 화가 나 온갖 방해공작을 펼칠 것이며, 당신은 그녀에게
거절당하는 것이 아니라 친구들 때문에 거절당하게 될 가능
성이 높기 때문이다. 그래서 여자에게 말을 걸때는 먼저 그
녀 친구들에게 말을 걸어야 한다.

"저기요. 제가 커피 마시려 왔다가 커피는 안 마시고 그쪽
이 마음에 들어서 아까부터 계속 그쪽만 보고 있었는데 마음
에 들어서요. 연락처 좀 알려 주세요."라고 말한다고 가정해
보자. 그러면 여기서 "저기요. 제가 커피 마시려 왔다가 커

피는 안 마시고" 여기까지는 그녀의 친구에게 아이컨택 하면서 말을 걸어야 한다. 그리고 "그쪽이 마음에 들어서 아까부터 계속 그쪽만 보고 있었는데 마음에 들어서요. 연락처 좀 알려 주세요."는 그녀에게 말을 한다. 그러면 그녀는 "네?", "누구 말하는 거예요?"라고 할 것이다.

그때 친구와 그녀를 번갈아보고 그녀를 지목하면서 "그쪽이요. 그쪽이 마음에 들어서 그러는데 연락처 좀 알려 주세요."라고 말하면 친구도 그 상황에 참여하게 되는 동시에 그녀에게도 친구의 방해공작 없이 내 뜻을 확실하게 전달할 수 있게 된다.

만약 친구들이 3명 이상이면 처음 말을 걸 때 친구들을 한 번 훑어보면서 말을 걸고 본론을 그녀에게 말하면 된다. 혼자 있는 여성이라면 그녀에게 처음부터 끝까지 모든 것을 다 전달하면 되지만, 친구가 1명 이상 있을 때는 그 친구에게 집중하거나 또는 그 친구를 포섭해야 한다.

꼭 명심하기를 바란다. 만약 그녀의 친구들을 무시한다면, 그 친구들은 매우 분노할 것이고 당신을 험담할 것이다.

술집 합석이란 쉽게 얘기해서 술집에서 술을 마시다가 마음에 드는 여성이 있으면 즉석에서 술을 같이 먹자고 제안하는 것이다.

술집 합석과
로드메이드

1장

술집 합석의
실전 기술과 루틴

 술집 합석이란 쉽게 얘기해서 술집에서 술을 마시다가 마음에 드는 여성이 있으면 즉석에서 술을 같이 먹자고 제안하는 것이다. 이것을 원활하게 하기 위해 평소 한가한 여성들이 오는 조용한 술집을 많이 알아 두는 것이 상당히 좋을 것이다.

 그럼 술집 합석에 대한 기본적인 자세와 태도에 대해 알아보도록 하자. 술집 합석은 번호를 주는 것과는 상이하게 다른 여성의 입장에서 매우 큰 투자라고 할 것이다. 그냥 몇 마디 나누다가 약간 호감이 있으면 쉽게 번호를 줄 수도 있지만 자리를 합석하는 것은 즐거운 오늘 저녁을 망칠 수도 있기 때문에 더 큰 투자라는 것이다.

또한 상황이나 분위기에 따라서는 가볍거나 작업남처럼 보일 수도 있기에 비록 접근 자체가 합석이라 할지라도 최대한 아닌 것과 같은 의도를 가지고 말을 걸어야 한다. 만약 걸어올 때부터 합석이 목적이라는 것이 너무 뻔하게 보인다면 경계심이나 방어벽이 훨씬 더 높아지기 때문이다.

그래서 최대한 아닌 척하는 태도를 가지는 것이 필요하며, 접근하여 처음 말을 걸 때도 "합석 할래요?" 혹은 "같이 술 마실래요?"라고 바로 말하는 것보다는 의견이나 질문 등 우회적 목적 달성을 위해 먼저 대화 소재로 말을 걸어 보고 친밀도를 높인 후 여성들의 반응을 확인한 후 합석을 제의하는 것이 가장 좋은 방법이다.

술집에 앉아 있다는 특성상 어느 정도 이야기를 들어 주는 상황이 대부분 발생하기 때문에 일단은 나에게 기회가 어느 정도 보장된다는 점 또한 상당히 유리하고 좋은 조건이라고 볼 수 있다.

*술집 합석 여성 무리 파악하기- 우두머리 여성과 호위병

최소 2명 이상을 여성 무리로 정의하는데, 그렇기 때문에 친구와의 파트너십이 중요하다고 볼 수 있다. 혼자 아무리 잘한다고 할지라도 2:2 혹은 3:3은 팀플레이가 매우 중요하기 때문이다. 또한 헌팅과 동일하게 술집 합석에서도 여성의 무리 중에는 반드시 우두머리 여성과 호위병이 존재하는데, 대부분은 가장 예쁜 여성이거나 연장자가 우두머리 여성이고, 퀸카와 현저하게 못생긴 일명 오크가 호위병을 담당하는 경우가 대다수이다. 간혹 둘 다 예쁘거나 비슷한 수준의 여성 무리가 등장하면 앞에 언급한 상황보다는 수월할 것이다.

가장 친해지기 쉽고 사이가 좋아지는 이상적인 합석은 2:2이다.

우두머리 여성과 그녀의 조합은 초반 우두머리 여성에게 집중을 해야 한다. 그에게 호감을 이끌어 내어야 하고 합석의 승낙을 받아야 한다. 그래야 당신의 여자 파트너와 스킨십이나 분리작업도 가능하기 때문이다. 만약 우두머리 여성의 승낙이나 호감을 이끌어 내지 못한다면 안 좋은 상황이 될 수 있으며, 당신 혼자 유혹이 잘되었다 할지라도 남자

들이 떠난 후 우두머리 여성이 험담이나 비방을 한다면 모든 것이 수포로 돌아갈 것이고 다음에 연락도 안 될 것이기 때문이다.

반대로 퀸카와 호위병 조합에서는 당신의 친구가 호위병을 전담마크 해야 한다. 퀸카에게 접근했을 때 호위병이 방어를 하고 훼방을 함으로써 초반 접근할 때 가장 난처한 상황이 이루어지지만, 내 파트너가 호위병에게 관심을 가지고 상대하면서 관심을 다른 곳으로 이끈다면 원활하게 합석을 이끌 수 있을 것이다. 그리고 호위병의 관심이 당신의 친구에게로 갔을 때, 당신은 퀸카에게 호감을 얻고 친해지기에 주력하면 되는 것이다.

술집 합석의 여성 구별법

술집 합석에 있어서 선택적으로 여성을 구분해서 선택하고 접근하는 행위는 매우 중요한 기술이다. 이것을 '선구안'이라고도 하는데, 초보자의 입장에서 합석이 최우선적인 목적이라면, 선택적 구별법으로 측정하는 것이 앞으로 합석이 될 성공률이나 확률을 높이는 것에 결정적으로 기여할 것이다.

또한 합석을 한다고 해서 다 기뻐하고 잘되는 것이 아니라, 잘 진행되지 않았을 시 바로 마무리 짓고 다른 여성을 찾아봐야 하는 경우, 적당히 친밀감만 형성하고 다음에 만나 유혹해야 하는 경우, 오늘 끝까지 최선을 다해서 정복해야 하는 경우 등이 있을 것이다. 이것은 내 욕심과 상관없이 어느 것이 더 유리하거나 그 여성을 유혹하는 데 있어 더 잘 통할까를 객관적으로 판단한 후에 해야 하는 것이다.

즉, 두 여성이 입장 후 1시간 정도 지나면 어느 정도 이야기도 많이 했고 술도 마셔서 기분이 무르익었을 적기에 접근하는 것이 가장 좋다는 것이다. 일단은 그녀들을 파악해야 되니 그녀의 주변을 지나가면 술은 무엇을 먹는지 안주는 무엇을 주문했는지 분위기나 대화 소재는 무엇인지 등을 파악해야 할 것이다.

합석을 할 여성들을 구별하거나 선정할 때는 옷차림으로도 파악할 수 있는데 대체로 노출이 심하거나 섹시하게 입은 여성을 선호해야 한다고 생각하겠지만, 꼭 그렇지 않다. 약간 꾸민 여성들이 경험상 가장 적합했다. 완전 섹시하거나 아름답게 꾸민 여성들은 막상 말을 걸어 보면 의외로 막강한 경계심과 방어벽이 있음을 느끼게 될 것이다.

사람들이 연애의 기술이라면 무조건 여자를 웃겨 주고 즐겁게 해 주고 안 되는 것을 되게 하는 멘트나 기술들만 생각하는데, 호의적인 여자, 좋은 여자를 빨리 선별하는 것도 연애의 기술 중 하나라는 점을 알아 두었으면 한다.

2장

술집 합석의
접근루틴과 법칙

술집 합석의 기술

1. 여성이 앉아 있는 테이블 정중앙에 서서 두 명의 여성을 번
   갈아가며 보면서 말을 건다.
2. 그녀들의 자리에 허락 없이 앉아서는 안 된다.
3. 대화를 하면서 순간 빨리 여성들 중에 우두머리를 찾아내
   고, 그녀를 마주보고 앉아 대화를 시도하면서 호감을 얻고
   승낙을 이끌어 내야 한다.
4. 남성과 여성의 대화 비율은 7:3의 비율로 해야 한다.
5. 여자들에게 메이드 제안이 먼저가 아닌 의견에 근거한 질문

이나 스토리텔링으로 대화하고 사교적 장난을 친다.

6. 대화를 어느 정도 나눈 후 메이드를 제안한다.

술집 합석 접근루틴

남자: 저기 잠시만요. 제가 여성분의 의견이 필요해서 그러는데, 친구랑 얘기하다가 도저히 결론이 나지 않아서 그러는데 결론 좀 내려 주세요. 남자하고 여자 중에 누가 더 사랑에 빨리 빠져든다고 생각하세요?

여자: 여자요.

남자: 정말요? 저는 남자라고 생각하는데, 왜 그렇게 생각하세요?

여자: 여자가 더 사랑에 헌신적이니까요.

남자: 그래서 제가 여자들을 좋아하는 거예요. 의리가 있잖아요. 두 분이랑 얘기하니 재미있네요. 하나만 더 물어볼게요. 그럼 이번에는 남자랑 여자랑 중 누가 더 사랑에서 빨리 빠져나올 것 같아요? (장난식으로 얘기한다.)

여자: ㅋㅋㅋㅋㅋ 몰라요.

남자: 그럼 제가 알려드릴게요.

여자: ㅋㅋㅋㅋ^^

남자: 근데 아까부터 두 분이 마시는 이슬이 이슬처럼 좋아 보이는데, 저 한 잔만 주시겠어요? 저 1분만 앉았다 갈게요.(라고 말하면서 자연스럽게 우두머리 여성이나 호위병과 마주보고 앉는다. 왜냐하면 이들을 설득해야 하기 때문이다. 메이드는 타깃에게 먼저 작업을 거는 것이 아님을 명심하라. 우두머리 여성이 당신의 타깃이라면 무관하다. 또한 모든 제안에는 잠간만 앉았다 갈게요 또는 1분만 앉았다 갈게요 라는 식의 시간 제약을 하는 것이 여성의 경계심이나 부담감을 없애는 데 좋다.)

여자: 네~

남자: (여성이 주는 술을 마시고) 근데 두 분을 보니 (당연한 것이지만) 왠지 저보다 어릴 것 같은데 제가 한번 맞춰 볼까요?

여자: ???

남자: 제가 왠지 오빠일 거 같아서요. 제가 두 분에 대해서 한번 맞춰 볼게요. 얼굴을 보니 정말 학생같이 풋풋하고 스타일을 보니, 음…… 건달 같은데?

여자: ㅋㅋㅋㅋ

남자: 두 분 번개로 만난 친구는 아니시죠?

여자: 아니에요.^^ 저희 회사동료예요. 일 끝나고 한 잔 하는
거예요. (최악의 조합이 회사동료이다. 최고의 조합이 원래
친구사이, 동네 친구 사이, 학교 친구 순이다.)

남자: 아, 정말요? 두 분 너무 잘 어울리세요. 커플 같아요.
아까부터 보니깐 두 분이 귀여우시고 똘망똘망하게 이야
기하시더라고요. 악수 한 번 해요.

악수 후

남자: 손이 엄청 부드러우시네요. 혹시 예술 하세요?

여자: 아니요.

남자: 원래 여자들 손은 이렇게 다 부드러운가요?

여자: ^^ 잘 모르겠네요.

남자: 그런데 두 분이랑 이야기하니 재미있네요. 사실 제 친구
도 두 분 스타일도 괜찮다고 마음에 든다고 해서 제가 여
기에 왔거든요. 저희가 원래는 F4인데, 오늘은 두 명만
온 거예요. 제 친구도 정말 멋진데, 두 분이 보시면 엄청
좋아하실 거예요. 제가 친구 데리고 올 테니 우리 30분
만 같이 한 잔 해요. 재미없으면 반품하시면 되잖아요.

여자: 네.^^ 그래요.

남자: 그럼 제 친구 데리고 올게요.

　　이후 자신의 자리를 바로 정리하지 마라. 합석 이후 잘 안 풀릴 때는 다시 자신의 자리로 돌아올 여지는 만들어야 때문이다.

3장

로드메이드의
원리와 법칙

로드메이드: 야외에서 즉석 술자리 합석을 제안하고 성사시키
는 어프로치의 총론.

지인이나 커플의 소개로 알게 된 여성을 일명 '차려진 밥
상'이라고 한다. 그만큼 유혹의 최고 기술이자 핵심인 콜드
어프로치를 하지 않고 생긴 것이기 때문이다. 내가 전편에서
도 이야기했듯이 여성을 유혹하는 기술이 연애를 지속하는
기술보다 100배는 고급기술로 힘들고, 헌팅과 클럽에서 유
혹하는 것이 지인이나 커플의 소개로 알게 되는 것보다 100
배는 더 힘들다. 이처럼 콜드 어프로치는 고급 기술이고 세

련화되어야 하며 노련해야 하는 기술들이다.

자 그럼 이제 콜드 어프로치의 최고 등급이자 가장 난이도가 높은 로드메이드에 대해서 알아보자. 로드메이드는 그야말로 모든 어프로치 기술의 집약체이며 최고의 기술이 요구되며 이것은 다년간의 숙련자에게도 운이 필요할 정도로 아무나 할 수 없을 만큼 최고의 기술이 요구되는 어프로치이다. 로드메이드만 계속적으로 시도한다면 당신은 헌팅이나 클럽이 쉽게 느껴질 것이며, 모임이나 소셜(사회적 관계)에서 알게 되는 여성들은 더 쉽게 느껴질 것이다.

심리적으로 안정되고 술을 어느 정도 마신 상태의 술집이라는 실내의 공간에 비해 로드메이드는 그야말로 야전과도 같은 것이다. 하지만 걱정하지 마라. 단점이 있다면 분명히 장점도 있다.

술집 합석은 여성을 한정된 공간 내에서만 선택해야 하며, 접근에 실패했을 경우 다시 다른 테이블에 가서 접근을 진행해야 하는데, 이 과정에서 다른 여성들이 나의 그런 행동을 보면서 내 가치가 하락하는 변수도 생길 수 있어 제대로 된 매력과 가치를 보여 줄 수 없는 경우도 발생하기도 한다.

이와 반대로 로드메이드는 야외라는 특성상 한 무리의 여성에게 접근해 거절당하거나 잘 이루어지지 않았을 때 다른 여성의 이목으로부터 자유로우며, 여성을 선택할 수 있는 숫자도 훨씬 많다는 장점이 있다.

술집 합석은 리스크도 적으며 적당히 거절당하고 적당히 합석이 이루어진다면, 로드메이드는 확실히 호불호가 갈린다고 볼 수 있다. 즉 로드메이드를 시도해 술자리 합석이 성사되면 확실히 관계가 더 잘 이루어질 확률이 높으며, 술집 합석처럼 여성들의 간보기가 적다고 볼 수 있다.

경력이 어느 정도 되는 사람이라도 어떤 날은 밤새 해도 안 될 때가 있을 것이다. 하지만 그것을 실력이 부족해서 로드메이드를 성사시키지 못한다고 하기에는 조금 문제가 있다. 거의 대부분은 로드메이드가 될 때까지 어프로치를 하는 사람들도 많기 때문이다. 번호만 얻는 헌팅을 많이 해 본 고수들이 갑자기 로드메이드를 시도한다면 큰 장벽에 부딪히게 될 수도 있다. 그 이유는 번호만을 얻기 위한 어프로치와

메이드를 목적으로 하는 어프로치의 성격 자체가 다르기 때문이다.

우리가 일반적으로 말하는 헌팅은 진심을 기반으로 한 진정성을 많이 내세워야 하지만, 즉석 합석을 목적으로 하는 어프로치 같은 경우는 순수성이나 진심보다는 매력과 재미, 흥미에 초점을 맞춰야 한다. 헌팅에서 연락처를 받아 내는 것은 여성의 입장에서는 사실 작은 투자이다. 번호만 주고 끝내면 되기 때문이다.

또한 시간대로 봤을 때 밤늦은 시간 11시 이후에 번화가를 다니는 것은 새벽 시간까지 놀 것을 전제하고 다니는 것이기 때문에 더 확률이 높다.

주의할 점은 대부분의 여성은 황금 같은 주말 저녁에 접근한 남자들이 마음에 든다 하더라도 친구와 함께 낯선 이를 따라가서 술을 마신다는 것은 어쩌면 도박이고 모험이기 때문에 딱히 일정이 없다 하더라도 쉽게 호감을 이끌리는 남자라도 단 하나의 실수를 하거나 비호감이나 단점이 될 수 있는 요소를 보인다면 쉽게 거절할 수 있으므로 특별함과 명분이 중요하다.

　이러한 까다로움이 로드메이드를 모든 유혹의 기술 중 최고 상위개념이자 최고급 어프로치기술로 인정하는 이유이다.

4장

로드메이드의 기술과
접근루틴

일단 보통 남자와는 다른 특별하고 확실한 매력이 있어야 한다. 단순히 호감선언과 관심선언에 의한 메이드 제안은 외모가 출중한 남성이 외모가 매력적이지 않은 여성에게 했을 경우에 확률이 높다. 그래서 다른 남성이 전혀 하지 않는 말과 방법을 써야 하는 것이다. 독특하고 유머러스한 말과 절대 흔들리지 않는 자신감 넘치는 태도에 의해 어프로치를 해야 한다.

1. 천천히 걸어가는 여성
2. 둘이서 조용히 사이좋게 가는 여성

3. 적당히 꾸미고 옷을 예쁘게 입은 여성

4. 술집을 찾는 여성

이런 여성에게 메이드를 제안하는 것이 좋다. 또한 모든 것이 100% 공식에 맞는 것이 아니기 때문에 느낌이 오는 거의 모든 여성에게 어프로치 해야 한다. 조금이라도 가능성이 있거나 마음에 든다 싶으면 바로 어프로치를 해 보는 것이다.

왜냐하면 길거리에서 로드메이드를 시도하기 전 신중을 기하거나 생각하는 시간을 오래 갖게 된다면 다른 경쟁자들이 그녀들에게 접근을 할 것이고 그 기회를 놓치는 경우가 많이 있기 때문이다. 그래서 로드메이드의 특성상 다른 남성이 먼저 어프로치를 해서 메이드가 성사되면 방법이 없기 때문에 신속하게 시도해야 한다. 눈앞에서 마음에 드는 여성을 놓치는 것만큼 원통한 것이 없을 것이다.

또한 로드메이드와 같이 특별하거나 독창적 방법을 시도하는 이유는 진심을 기반으로 하는 헌팅과는 달리 왠지 순진하거나 미숙한 모습을 보이는 남자들과 술을 같이 먹으면 재미와 흥미를 느끼지 못할 것이라고 생각하는 여성들이 있기

때문이다.

그럼 이제 로드메이드를 성사시키는 방법과 기술에 대해 알아보자.

1. 여자가 걸어가는 방향으로 정면으로 봤을 때, 대각선 45도
   의 각도로 1m 정도의 거리를 두고 걸음을 멈추게 해서 말을
   건다.
2. 매우 자신 있고 당당하게 그리고 강한 느낌을 전달하며 말
   을 걸어야 한다. 만약 말을 걸 시기를 놓쳐서 따라가게 되더

라도, 절대 눈치 채지 못하게 따라가야 한다.

3. 접근하여 말을 걸었을 경우 만약 여성들을 정지시키지 못했을 경우, 반보 정도 앞선 걸음으로 리드하듯 같이 걸어가면서 말을 건네야 한다.

4. 남자가 말을 걸었을 때 여자들끼리 손을 꼭 잡는다면 이것은 경계심의 뜻이다. 여자가 핸드폰을 본다면 이것은 무관심의 뜻이다.

5. 대화를 나누다가 메이드가 성사될 것 같은 분위기에서는 표정과 눈빛을 최대한 여유롭지만 강하게 해야 한다. 메이드 제안을 했고 여성이 긍정적인 반응을 보이면서 웃게 되었을 때, 대부분의 남자들은 늑대의 얼굴로 변한다. 그러면 여성이 그 얼굴을 보고 무슨 생각을 할까?

6. 여자들 2명 중에 우두머리 여성이나 호위병 한 명은 꼭 있다. 그 상대를 집중적으로 전담마크하든지 설득해야 한다.

7. 로드에서 메이드가 성사되고, 술집으로 이동할 시 자신이 가장 유혹하기 좋은 술집으로 최대한 빨리 이동해야 하며 다른 생각을 못하게 계속 말을 걸어야 한다.

그럼 이제 로드메이드의 접근법에 의한 대화루틴을 알아보도록 하자.

남자: 저기 잠깐만요. 1분만 얘기할게요. (거짓 시간 제약- 콜
    드 어프로치 시 여성의 경계심과 귀찮음 등을 해제하기 때문에
    이것은 필수이다.) 제가 강남에 너무 오랜만에 와서 그러는
    데 뭐 하나만 물어볼게요. 샤방샤방하고 럭셔리한 두 분
    을 찾고 있었는데요.

여자: 네?

남자: 마침 저기서 두 분이 걸어오시더라고요. 그래서 계속 보게
    되었는데 오늘 콘셉트가 외로운 여름 여성인 것 같네요.

여자: 네???

남자: 사실 다가올 가을은 남녀가 같이 만나는 계절이잖아요. 두
    분 스타일이 신사동 스타일인데 강남은 왜 오신 거예요?

여자: (대답)

남자: 이야기하면서 생각한 건데…… 두 분 다 귀여우세요. 근
    데 이곳에 오랜만에 와서 그러는데, 여기서 가장 좋은 술
    집이 어디인가요?

여자: 저희도 잘 모르겠어요.

남자: 멀리서 보니깐 여성스러워 보였는데 가까이서 보니깐 옆
    집 강아지처럼 귀엽게 생기셨어요.

여자: ^^

남자: 근데 원래 두 분이 친구분이세요?

여자: 네.

남자: 아하! 두 분 되게 잘 어울리세요. 여기는 바둑이, 여기는
     흰둥이~

여자: ^^

남자: 우리도 잘 어울리나요?

여자: ㅋㅋㅋㅋㅋ 네.

남자: 정말요? 너무 잘됐네요!

여자: 왜요?

남자: 원래 잘 어울리는 커플들끼리 만나야 잘되는 거예요. 안 어
     울린다고 했으면 가려고 했거든요. 근데 지금 몇 시예요?

여자: 1시 쯤 되었어요.

남자: 정말요? 큰일이다. 사실 저 집이 좀 엄해서 통금이 있거
     든요.

여자: 네? 그러면 빨리 들어가셔야죠.

남자: 통금이 새벽 5시라^^

여자: ㅋㅋㅋㅋㅋ

남자: 왜 웃으세요. 혼자 살아도 통금 있어요.

여자: ㅋㅋㅋㅋㅋ 농담이에요, 진담이에요?

남자: 진담이에요. 정말 통금이 새벽 5시예요. 우리 같이 있을
     시간이 4시간밖에 없어요. 우리 같이 빨리 가요.

여자: 네? 어디를요?

남자: (바로 '같이 술 한 잔 해요.' 라고 하지 말고) 그럼 이렇게 해요. 저는 비록 혼자 살아도 집이 엄해서 소주나 맥주는 못 마셔요. 매화주만 마실 수 있어요.

여자: 그래서요?

남자: 남자답게 두 마디만 말할게요. '정말 마음에 들어서 친해지고 싶은데 매화수 한 잔 해요!'

여자: 뭐예요~ 두 마디라면서요?

남자: 이렇게 예측할 수 없는 남자예요. 우리 엄마가 기회는 왔을 때 잡으라고 하셨거든요.

여자: ㅋㅋㅋㅋ

남자: 근데 거절하지 마세요. 원래 이런 호의는 절대 거절하시는 거 아니에요. 제가 집이 엄해서 소주나 맥주는 못 마셔도 소맥이나 매화수는 마실 수 있어요. 아! 우리 처음 알게 되었으니깐 처음처럼도 마실 수 있네요. 저희가 살게요. 4시간밖에 없어요!(시간제약 및 독촉) 근데 혹시 똑똑한 남자 좋아하세요?

여자: 네!

남자: 저 되게 똑똑하고 과학적인 남잔데 오늘 운세에 좋은 일 생긴다더니 정말 그런 것 같아요. 절대 재미없거나 후회

하지 않을 거예요. ^^

여자: ㅋㅋㅋㅋ

남자: (팔을 잡아당기며) 이쪽으로 오세요. 저도 두 분이 마음에 들기도 하고 제가 어떤 사람인지 보여 드리고 싶어요.

'네'라고 말하는 여자는 거의 없음으로 긍정적 표정이나 웃음을 보이면 승낙인 것이다. 싫으면 그냥 무시하거나 거절하고 가 버린다.

그렇기 때문에 아무 말 없으면 자연스럽게 여성의 팔을 당기면서 자신이 가장 좋다고 생각하는 곳이나 자신 있는 술집으로 리드하면 되는데, 가는 동안 절대 어색한 분위기를 만들어서도 안 되고, 아무 말 없이 걸어가서도 안 된다. 술집까지 가는 길은 친밀함을 형성하는 과정으로 삼아야 한다.

여자: ㅋㅋㅋㅋ 근데 어디 가는 거예요?^^

남자: 제가 아는 곳이 있는데, 분위기가 워낙 좋아서 자주 갔던 곳이에요. 술맛이 꿀맛이에요.

여자: ㅋㅋㅋㅋ

남자: 여기서 2분만 가면 돼요. 이쪽으로 오세요. ^^

클럽이나 나이트를 갈 때는 절박함을 버려야 한다. "내가 오늘 여자를 만나지 못하면 어쩌지?"라는 그 절박한 생각이 얼굴과 태도에 고스란히 나타나기 때문이다.

03

클럽과
나이트 게임

1장

클럽과 나이트의
특징과 원리

클럽과 나이트클럽 이하 '클럽나이트'라고 하겠다. 클럽나이트에 대한 일단 특성과 심리를 유형별로 알아보자.

여성들이 클럽나이트에 오는 이유는 무엇일까? 물론 주중에 스트레스를 풀려고 오는 경우도 있고, 회식자리에서 다른 사람을 따라오기도 하며, 남자 친구가 없어서 외로워서 오는 경우도 있다. 다른 어떤 곳보다도 클럽나이트에는 확실히 여성을 쉽고 많이 만날 수 있는 장소인 것만은 확실하다.

* 클럽 나이트에 가는 여성 – 대체로 개방적이고 성격이 좋고 낯선 이에 대한 경계심이 적은 경우가 많았으며, 친구들끼리

순수하게 즐기러 오는 경우도 있고 남자에 대한 흥미가 있어서 오는 경우가 많다.

* 남자 친구가 있는데 클럽나이트에 가는 경우 – 여성은 지금 남자친구에게 약간 질려 있거나 부족한 부분이 보이거나 오랫동안 성적인 경험을 못했거나 아니면 지루한 일상에서 탈피하거나이다.

* 클럽나이트에 대한 여자의 인식 – 여성은 잠재적인 의식차원에서 이런 장소는 비정상적이고 불확실하며 만남의 정통성이 없다고 생각하면서, 아이러니하게 남자를 만나러 가장 즐겨 찾는다. 클럽나이트에서 만난 남성은 분명 다른 여성에게도 이럴 것이라고 생각하고 또한 원나잇을 한 남성은 자신이 다른 남성에게도 이렇게 할 것이라고 추측하기 때문에 자신을 분명 안 좋게 평가할 것이라고 생각한다. 그와 대조되게 남성은 클럽나이트 등 어디에서 만났느냐 일명 만남장소를 별로 신경 쓰지 않는다고 생각하는 경향이 많다.

그러나 이것은 기본적으로 그럴 수 있다고 알아 두고, 사람의 취향이라고 생각해 두었으면 한다. 만약 이런 선입견을 가진다면 클럽나이트에서 좋은 여성을 만나게 되어도 올바른 대응을 못 할 수 있거나 놓치게 될 수도 있기 때문이다.

클럽과 나이트의 특성상 가장 기본 중의 기본은 바로 깔끔하고 세련된 스타일링이 최우선 되어야 한다는 점이다. 남들과 차별화되지 않거나 평범한 스타일은 매력이 떨어질 수 있다는 것을 알아야 한다. 클럽과 나이트에서는 평범함을 거부하고, 화려하고 세련되고 용감해지고 특별해져야 한다. 즉, 한마디로 자신만의 매력적 개성이 강해 보여야 여성들에게 선택을 받거나 호감을 살 수 있다는 것이다.

클럽이나 나이트에 입장하면, 여성들이 안 보는 것 같지만, 다 보고 있다는 사실을 알아 두야 한다. 그래서 마치 이 클럽이나 나이트에 관리자인 것처럼 자신감 넘치는 행동을 보일 것을 권한다. 여성은 그 분위기나 행동 자체가 이미 눈에 들어오고 다른 남자와는 다르게 여겨진다.

또한 클럽과 나이트의 특성상 가까이에서 많은 시간을 보내기 때문에 향수와 입 냄새에 각별히 신경을 써야 할 것이다. 향수는 고급스럽고 여성들이 좋아할 만한 것을 선별해서 많이 뿌리는 것이 좋고, 입 냄새는 술과 담배 등으로 쉽게 안 좋아질 수 있으니 가글이나 껌을 휴대하는 것이 좋다. 실제로 향수와 가글은 기본이면서 절대 빠질 수 없는 결정적 매

력요소이므로 많은 여성들이 이것에 플러스 점수를 주니 각
별히 신경 써야 할 것이다.

클럽나이트 특성상 여성들이 가벼운 마음으로 "한번 보고
나 가자."라는 마인드를 많이 가지고 있으니, 매번 여성을
부킹 받거나 접근하여 말을 걸 때 너무 심각하고 부담스럽게
생각하는 것은 맞지 않을 것이며, 그것은 당신에게도 안 좋
을 것이다. 그 여성들 또한 많은 남자를 스치면서 간도 보고
거절도 쉽게 하는 것이다. 그러나 여성들이 그런 마인드를
가지고 있다고 하더라고 뻔한 작업티를 내는 것보다는 자연
스러운 어울림과 대화의 진행이 중요할 것이다.

좋은 여성 구별법

여성이 처음 룸으로 들어왔을 때 내가 친절하게 인사하
고 호의를 베풀었지만 멀리 떨어져 앉는다거나 보디랭귀지
가 당신의 방향과 반대로 하면서 방어적인 상태인데, 얼굴
은 아닌 척 웃으면서 당신을 상대하는 것은 사실상 감정적
기망에 해당한다. 적당히 있다가 바로 일어날 것이니, 알아

두길 바란다.

　여성의 태도를 보고 유혹을 적극적으로 할 것인지, 아니면 간만 보고 있으니 나도 간만 보다가 '잘되면 잘되는 것이고 안 되어도 그만'이라는 그런 마인드를 어느 정도 가지는 것도 힘과 에너지를 아끼는 좋은 방법이다.
　근데 이런 경우는 드물기는 하나, 오자마자 내 쪽으로 방향을 틀고 나를 바로 본다면 어느 정도 당신과 친해질 의향이 있다는 것이니, 절대 놓치지 말고 친해지기에 주력해야 할 것이다.

　하지만 대부분의 여성들은 일단 지켜보자는 태도로, 내 쪽도 반대쪽도 아닌 보디랭귀지를 보이는 태도를 가질 것이다. 여성이 처음 부킹 왔을 때 중립적으로 앉아 있고 당신과 멀리 떨어져 앉지 않는다면 대화를 진행하면서 유혹을 하면 되는데, 친해질수록 점점 앉아 있는 거리가 좁혀질 것이고(의도적으로라도 좁혀야 한다) 보디랭귀지도 당신 쪽으로 향하거나 기울게(의도적으로라도 기울이게 만들어야 한다) 될 것이다.

　가끔 여성들 중에 내 신상이나 나이 등에 의문을 제기하며 따지거나 논리적으로 반박하는 여성들이 있는데, 다른 파트너와 룸 분위기를 위해서라도 그녀를 퇴장시키는 것이 좋다.

또한 클럽의 경우는 스테이지에 열심히 춤추는 여성보다는 주변에 머물거나 서성이는 여성에게 어프로치 하는 것이 더 좋으며, 마인드도 더 개방적이고 당신의 이야기도 잘 들어 줄 것이다. 여성들과 잦은 아이컨택을 하게 될 때에는 절대 피하지 않고 여유 있는 미소를 항상 보내주고, 그 여성도 미소를 보내면 지체하지 말고 말을 걸어서 친해져라.

클럽은 그렇게 해도 되는 곳이기에 긴장할 필요도 없으며 너무 무거운 마음을 가질 필요도 없다. 눈이 마주치는 모든 여성에게 상냥한 미소와 가벼운 인사를 건네고, 반응이 좋은 여성을 테이블이나 룸으로 데리고 와서 친해지기에 주력하면 되는 것이다.

클럽이나 나이트를 갈 때는 절박함을 버려야 한다. "내가 오늘 여자를 만나지 못하면 어쩌지?"라는 그 절박한 생각이 얼굴과 태도에 고스란히 나타나기 때문이다. 여성을 대할 때 '빨리 작업해서 어떻게 해 봐야지.' 하는 그 마음은 여성에게 고스란히 전달되어 위기의식을 느끼게 하고, 결국은 잘 놀고 마지막에 그냥 가 버리게 된다.

클럽과 나이트에 임하기 전에 '아무 성과가 없어도 좋고, 친구들끼리 술 마시는데 여자가 한 번씩 부킹 오는 것이다.' 또는 '여성을 데리고 온다.'라는 여유로움을 가져야 한다. 물론 부스나 룸 비용이 만만치 않고 비싼 건 알지만, 절박함이 클수록 아무 성과가 없다면 허탈감이나 상처도 크기 때문에 너무 매달리지는 않길 바란다.

2장

클럽과 나이트의 접근루틴과 공식

나이트클럽 편

1. 테이블로 직접 가기

이 방법의 좋은 점은 부킹으로 끌려 다니기만 하는 수동적인 만남에서 당신이 먼저 다가가는 최초의 남자라는 메리트가 있다는 것이다. 나이트의 특성상 웨이터가 와서 말을 걸지, 일반 남자가 다가와서 호감이 있으니 친해지고 싶다는 것을 표현한다면 조금은 더 신선하게 다가갈 것이다. 그 여성 또한 남자를 더 특별하게 생각할 것이고 더 기억에 남을 것이며, 그 이후 연락이 더 잘될 수도 있기 때문이다. 그래서 나이트클럽에서 오히려 역으로 먼저 다가가서 말을 걸고 룸이나 부스로 데리고 오는 것은 매우 좋은 방법 중 하나라고 생각한다. 단 웨이터가 제재를 할 수도 있다.

주의할 점은 여기저기 나이트를 돌아다니는 여러분의 모습이 그리 좋아 보이지는 않는다는 것이다. 분명히 여러분이 연락처를 받은 여성 중에서 한 명은 이 모습을 볼 것이고, 만일 번호를 많이 받아도 너무 짧은 시간의 인지도로 인하여 다음 날 여러분을 잘 기억하지 못할 수도 있다.

또한 다가갈 때 여성이 혼자 있다면 무관하지만, 친구랑 같이 앉아 있다면 친구에게 양해를 구하고 그녀를 데리고 오거나 혹은 친구도 같이 데리고 오는 것도 좋을 것이다.

2. 확률로 승부하기

부킹 오는 모든 여성의 번호를 받아 내는 방법이다. 예쁘거나 호감을 보내는 여성은 물론이고, 비록 예쁘지 않고 나에게 비호감을 보낸 여성이라도 일단은 모든 번호를 다 받아 내는 것이다. 부킹 오는 모든 여성의 번호를 다 받고 몇 시간 뒤에 나갈 때, 그다음 날 또는 며칠 뒤에 연락을 해 본다면 회신이 올 것이다.

20명의 여성이 부킹으로 왔는데 15명의 여성에게 번호를 받았다면, 최소한 1명과는 애프터라도 성사될 것이기 때문이다. 이것은 힘들이지 않고 할 수 있는 가장 편안한 방법이며, 확률적으로도 높은 승률이 보장되기에 좋은 방법이라고 할 수 있다.

3. 한 장소에서 기다리기

여기저기 돌아다닌다면 웨이터들이 좋게 보지 않을뿐더러 심할 경우 웨이터가 제재를 한다. 웨이터 입장에서는 부킹하려고 하면 이상한 남자가 와서 자꾸 여성들을 데리고 가니, 화가 날 만하다. 그렇기에 한 장소에 기다리고 있다가 하는 것도 좋은 방법이다.

가장 흔하게 할 수 있는 장소가 스테이지에서 나오는 곳이나 화장실 옆이다. 그곳에서 나는 가만히 있는다. 그리고 정말 괜찮은 여성이 들어가거나 나오게 되면 그 여성에게 다가가서 말을 걸고 나에 부스나 룸으로 데리고 오는 것이다.

4. 혼자 테이블에 있는 여성

가끔 테이블에 유독 혼자서 앉아 있는 여성이 보일 것이다. 이런 여성은 몇 가지 상황 중 하나이다.

• 남자 친구가 있으나 친구 때문에 따라와서 남자 친구에게 미안한 마음에 부킹을 안 하는 경우, 기분이 좋지 않아서 돌아다닐 마음이 없어서 웨이터에게 건들지 말라고 말한 경우 - 이런 경우에는 다가갔을 때 인상을 상당히 쓰거나 혼자 있고 싶다고 말하거나 조용히 있고 싶어 한다.

• 친구 몇 명이서 왔으나 다른 친구들은 파트너들과 잘 맞고 괜찮은데 자기 파트너만 안 맞아서 먼저 자리로 온 경우 - 이런 경우는 친구들하고 같이 나오고 싶었지만, 친구들이 그렇지 않아서 혼자만 자리로 돌아온 경우이다. 언제 올지도 모르는 친구들을 기다리고 있다. 웨이터가 낚아채기 전에 그녀의 자리로 가서 그녀에게 말을 걸면 된다. 그리고 유혹해서 룸이나 부스로 데리고 오면 된다.

클럽편

클럽은 한 장소에 매력적인 많은 여성들이 밀집해 있는 곳이다. 이 여성들은 남자를 만나기 위해서가 아니라 단지 춤을 추고 친구들과 어울려 놀기 위해서 클럽에 가는 경우도 있기는 있다.

대부분 여성이 혼자 클럽에 온다면 참 좋겠지만 혼자 가는 여성은 거의 없으니 2명의 여성에게 접근할 경우, 그녀의 친구를 떼어 놓을 수 있는 파트너와 함께해야 한다. 3명의 그룹으로 구성된 경우, 다른 2명과 함께 할 수 있는 2명의 친구들이 필요하다. 그녀를 친구들에게서 떼어놓은 것은 어려운 일일 수 있기에 다른 친구들을 맡을 수 있는 보조 파트너가 필요하다.

애프터가 성사되어 2차를 나가더라도 그것이 마치 섹스를 하러 가기 위한 길이나 낚았다는 것으로 여겨지게 하지 마라. 마치 일반적인 데이트가 성사된 것처럼 자연스럽게 행동하라. 여성들의 경우, 섹스를 위해서는 편안함을 느껴야 한다는 것을 기억하라.

그녀가 호감도를 많이 보인다고 해서 사람들이 보는 앞에서 키스를 하거나 가슴을 만지는 등 진한 스킨십을 하지는 마라. 왜냐하면 곧 그녀는 이성을 되찾고 자신이 한 일에 대한 후회를 할 것이며, 그 상황을 벗어나고 싶어 할 것이고 당신과 연락하거나 만나는 것은 그 부끄러운 기억과 일을 다시 떠올리는 일이 되기 때문이다.

클럽 안에서는 적당한 스킨십만 하고 더 진한 스킨십은 클럽 밖으로 나와서 잠시 음료수를 먹거나 이야기를 하자는 명분으로 나온 후 차 안이나 골목 안 같은 둘만 있는 아득하고 조용한 장소에서 그녀를 흥분시키는 것이 좋다.

3장

메이드 잠기와
당일 클로스

각자 서로 파트너들이 마음 놓고 친해질 수 있게 다 같이 잘되는 분위기를 연출해야 하며, 각자의 파트너에게 더 집중할 수 있게 노력해야 한다. 만일 내가 여자 파트너와 키스를 하는 모습을 보게 된다면, 내 친구는 자기 파트너를 유혹하기 더 편한 분위기가 될 것이다. 이처럼 서로서로 더 편안하게 유혹하고 친해질 수 있는 분위기가 될 수 있게 각자의 파트너에게 최선을 다해 집중해야 한다는 것이다.

더 정확하게 설명하자면, 친구랑 그 파트너가 잘되고 있으면 최소한 내 파트너가 별로이거나 나에게 반응이 없거나 금방 일어나서 나갈 것을 알더라도 또는 나갈 때 다 같이 나간다 할지라도 친구가 그 파트너랑 어느 정도 사이가 진전될수 있게 시간을 벌어 주라는 것이다. 내 파트너가 친구 커플을 훼방하지 못하고 친해질 수 있도록 최대한 시간을 벌면서나에게 집중시켜야 한다는 것이다.

파트너가 유혹하는 것을 구경하는 것은 좋지 않은 행동이며, 한 명만 특출나게 잘한다고 해서 되는 것이 아니다. 결국에는 모두가 안 좋은 결과를 가져오게 될 것이다. 한 커플이 잘될 것 같으면 간섭하거나 응원하는 것이 아니라 최대한분위기를 망치지 않게 자신의 파트너를 잡아 두면서 그 분위기에 맞출 수 있게 노력하는 것이 결국은 다 같이 잘되는 방법이다.

확률을 높이기 위한 팁

진한 썸을 탈 수 있는 여자보다는 내 마음에 들고 예쁜 여자를 원하는 경우가 많을 것이다. 즉, 일명 양보다 질을 선택하는 경우이다.

그럴 때는 대화 후반부에 진정성 있게 이렇게 얘기해 보라.

"사실 클럽나이트에서 만나다고 편견을 많이 가지는데, 나는 네가 마음에 들거든. 너를 더 알아보고 싶고 친하게 지내보고 싶은데, 연락처 줄래?"

그럼 당연히 여성은 자신의 연락처를 줄 것이다. 이때 바로 연락처를 받지 말고 이렇게 한마디 더 해 보라.

"근데 나 장난으로 이렇게 하는 건 아닌데, 정말 연락할 거면 연락처 줘. 나 그냥 연락처 받아서 연락 안 된다면 상처받을 거 같아서……."

그래도 여성이 연락처를 줄 수 있다고 한다면, 그때 연락처를 받아라. 그러면 당신이 마음에 들어 하는 그 예쁜 여성과 연락될 확률이 더 상승할 것이다.

[클럽나이트 메이드 시도요령- 문자]

남자: 이거 오빠 번호야 저장해^^

여자: 네^^

남자: 뭐하고 있어?

여자: 그냥 자리에 있어요(또는 에어컨 앞에 있어요).

남자: 친구도 옆에 있어?

여자: 아니요, 화장실 갔어요.

남자: 아하! 정말 너무 잘됐다. 사실 너한테 할 말이 있는
　　　데…….

여자: 뭔데요?

남자: 다시 오빠 자리로 와!

(만일 여자에게서 "싫어요.", "괜찮아요.", "친구 기다려야 돼요."와 같은 부정적 반응이 나오면)

남자: 알겠어. 근데 오빠랑은 계속 연락해야 되는 거야.

여자: 네, 알겠어요.

라고 마무리하고 30분에서 최장 1시간에는 또 문자를 보내야 한다.

남자: 갑자기 기분이 우울하네.

여자: 왜요?

남자: 너 없으니깐 재미가 없네.

여자: 뻥치시네!

남자: 아니야. 너 없으니깐 술이 코로 들어가는 것 같아.

여자: ㅋㅋㅋㅋㅋ

남자: 잠깐 화장실 앞에서 보자. 친구는 항상 볼 수 있지만, 오
　　　빠는 이제 알게 됐잖아. 너랑 좀 더 얘기하고 싶어.

"아직 친구가 안 와서"라고 애매하거나 결정을 못하는 것 같거나 긍정의 기류가 느껴지면, 바로 그녀의 자리나 위치로 가서 웃으면서 인사를 한다.

남자: 어? 그새 더 예뻐졌네? 여기 있는 남자들 중에 제일 괜
　　　찮은 남자는 오빠 밖에 없어!!
여자: 네? ㅋㅋㅋㅋㅋ
남자: 오빠밖에 없을 거야.
여자: 무슨 자신감?
남자: 자신감이 아니라 사실이니깐. 난 노력하는 남자거든.
여자: ^^
남자: 여기 실내에만 계속 있으면 답답하고 시끄럽잖아. 나가
　　　서 음료수 한 잔 하고 오자(또는 우리 테이블로 가자).
여자: 흠…….
남자: 같이 나가자는 게 아니라 잠깐 바람만 쐬고 오자는 거야.
　　　5분이면 돼.
여자: 네, 그래요. ^^

나가서 음료수 잠깐 이야기를 하고 돌아오는 것이 아무 것 도 아닌 것 같지만 이것은 마지막 같이 나갈 때 매우 큰 힘이

된다. 10분정도 밖에 있다가 다시 자리로 돌아온 후 1시간 뒤

　　남자: 오빠 너무 재미없어서 조금 있다가 집에 갈까 해. 넌 언
　　　　제 갈 거야?
　　여자: 친구랑 얘기해 봐야 돼요.
　　남자: 이따 갈 때 잠깐 볼래?^^
　　여자: 언제 갈 거예요?
　　남자: 난 3시 반 쯤에 가려고. 갈 때 네 친구 보내고 잠깐만 보
　　　　자. 집에 태워다 줄게.
　　여자: 일단 친구한테 얘기해 볼게요.
　　남자: 친구 조용히 보내고 문 앞에서 봐.^^ 알겠지?
　　여자: 네, 알겠어요.^^

　　계속적으로 연락하고 잠깐이라도 부담 없이 밖에 나가서
음료수나 대화를 나눈다면, 집에 갈 때도 데려다 줄 테니 잠
깐 보자고 했을 때 확률이 더 높아지는 것이다.

애프터를 잡는
각인효과

오늘은 왠지 안 될 것 같으면 쿨하게 단념하고 집에 가는 길에 다시 한 번 더 그녀를 찾아가서 나를 알린다. 다른 남자랑 귓속말을 하고 있는 그녀를 발견했다. 그 광경을 인위적으로 지켜보았고, 그녀와 강한 아이컨택을 했다. 그리고 그녀에게 가서 이렇게 말했다.

남자: 안녕!
퀸가: (웃음으로 화답) 어?^^
남자: (귓속말) 다른 남자랑 놀지 마.
퀸가: (웃으며) 아, 네~ 안 놀아요.

하지만 알고 보니 귓속말을 하던 남자는 클럽 직원이었다. 그리고 20분 뒤 끝물이라 더 이상의 물량이 없어 다시 친구들과 자리로 돌아왔고, 나는 다시 문자를 했다.

그 당시 그녀는 검정색 칵테일을 마시고 있었기에 홍삼이라고 놀렸었다.

남자: 홍삼 다 먹었어?

퀸가: 홍삼 아니에요!

남자: 너랑 더 얘기하고 싶은데 오빠 자리로 올래?

퀸가: 온니들이 별로라공~ㅠ

남자: 말도 귀엽게 하는구나? 나는 귀 아파서 이따 갈까 해.

퀸가: 네엥~ 담에 보아용^^

남자: 응. 카톡을 봐봐~ 오빠가 있을 것이야.

퀸가: 넹!

그리고 친구랑 집에 가려고 화장실에 잠시 들렸는데, 운이 좋게도 또 마주쳤다. 나는 끝까지 나의 존재를 알리는 데 다시 한 번 더 최선을 다했다.

남자: 어? 더 예뻐졌네?

퀸카: 네? ㅋㅋㅋㅋㅋ 아~ 웃겨. 가시는 거예요?

남자: 응. 귀 아파서~

퀸카: 조심히 가세요, 오빠.

남자: 알겠어.

퀸카: 네~

남자: 아, 너한테 중요한 말을 빼 먹었어.

퀸카: (궁금증 가득한 얼굴로) 뭔데요?

남자: (귓속말) 다른 남자랑 놀지 마! - 반복효과

퀸카: ㅋㅋㅋㅋㅋ 안 놀아요. 언니들 만나러 가요~

남자: 저 끝에 가만히 앉아 있어.

퀸카: 아, 웃겨~

남자: 나, 갈게.

퀸카: 네.

그리고 다음 날 그녀에게 연락을 했고, 바로 답장이 왔다.

남자: 안녕, 정은아^^

퀸카: 안녕하세요^^

남자: (예쁜 커피사진) 이거 한 잔 하고 피로 풀어.

퀸카: 네, 감사합니다. 잘 마실게요.

남자: 나는 정말 기분이 좋아.

퀸카: 왜요?

남자: 네가 늘 오빠 말을 잘 받아줘서~

퀸카: ^^

남자: 집에서 쉬는 거야?

퀸카: 네. ('네'라고 하는 것이 긍정반응이고 '친구랑 약속 있어요.' 또는 '피곤해서 잘 거예요.'라고 하면 부정반응이다. 왜냐하면 당신이 '우리 만날까?'라고 제안할 것을 대부분의 여자는 알고 있기 때문이다.)

남자: 원래 주말에는 쉬는 날이야?

퀸카: 네~ 월요일까지 쉬어요. (이 말은 오늘이나 월요일 만날 수 있는 가능성을 열어 두고 있는 것이다. 여성이 '나 집에 그냥 있어요. 언제까지 쉬어요.'라고 하는 것은 나에게 기회의 가능성을 열어 두고 있다는 의미이다.)

남자: 월요일은 왜 쉬어요?

퀸카: 월차라서^^

남자: 그렇구나. 정말 잘됐어. 그럼 푹 쉬고 이따 저녁에 볼래?

퀸카: 언제요?

남자: 이태원에서 8시에 볼까? (여자에게 준비할 시간을 넉넉히

주는 것이다.)

퀸카: 네, 알겠어요.

남자: 응, 칵테일 한 잔 하자. 오빠가 아는 곳이 있거든.

퀸카: 아, 정말요?

남자: 이따 봐!

퀸카: 네~

많은 사람들이 잘못 알고 있는 것이 클럽나이트에서는 최
대한 번호를 많이 얻어서 다음 날 연락하면 될 것이라고 착
각한다는 것이다. 하지만 내가 수년 동안 수도 없이 가 보았
지만, 클럽나이트에서 전화번호 따위는 아무 약속과 신용의
효력이 없다는 것이다. 키스 또한 마찬가지이다. 전화번호
와 키스는 그냥 할 수도 있는 것이다.

제일 중요한 것은 그녀와 얼마나 많은 대화를 통해 친밀해
지고 정서적으로 가까워 졌느냐이다. 또한 여러 여자 생각하
지 말고, 나에게 제일 반응이 좋은 여자나 가장 친밀하게 유
혹이 잘된 여성 한 명이나 두 명에게 집중하는 것도 좋은 방
법이다.

5장

나이트 웨이터와 클럽 직원

보통 일반인들이 나이트클럽의 웨이터를 무시하는 경향이 있는데, 절대 그렇게 해서는 안 된다. 부킹은 결국 웨이터에 의해 좌우되기 때문이다. 그래서 부킹 성공률을 높이기 위해서는 무엇보다 웨이터와 신뢰를 쌓아야 한다. 특히 이들과 가까워지면 원하는 유형의 여자를 바로 컨택해 준다.

아무리 날고 기고 경험이 많은 유혹자라도 절대 웨이터를 이길 수 없다. 당신이 아무리 뛰어난 실력자라도 어디까지나 당신은 게이머이고 웨이터는 게임의 프로그램을 통제하는 게임회사 직원이라는 것이다. 당신이 팁을 주거나 존중해 주면서 우호적인 관계를 형성한다면, 웨이터는 매우 좋은 파트너가 될 것이다.

또한 클럽에서 직원이나 플래너를 알아 두는 것은 매우 유용할 것이다. 나는 가끔씩 클럽파티 플래너나 주관자와 그 직원들이 클럽에 오는 퀸카들을 증명되고 우월한 위치에서 너무나도 쉽게 유혹하는 모습을 많이 봤다.

일반인 중에 클럽 직원들과 친목을 명분으로 퀸카들과 자연스럽게 어울리면서 메이드가 성사되고 잘되는 경우를 많이 보았다. 물론 혼자서 그보다 잘할 수 있다는 의지를 가지고 한다면 나는 매우 칭찬 할 것이다. 그러나 비행기를 탈 수 있는데, 굳이 자동차를 열심히 운전할 필요는 없을 것이다. 클럽 직원과 친해질 수 있거나 지인의 소개를 받을 수 있다면 기회를 놓치지 말길 바란다.

"신뢰와 믿음이 부족해서"라고 말하는데, 핵심을 빗나갔거나 조금 부족한 설명이라고 생각한다. 만난지 짧은 시간 안에 잠자리를 가진 후 사귀는 사례들도 많이 있기 때문이다. 그렇다면 왜 그렇게 되는 것일까? 바로 이성적 남자로서의 성적 매력 때문이다.

모텔 입성 후

섹스 스킬

마지막 저항(LMR)의
해결신공

"여자는 섹스를 별로 좋아하지 않는 것이 아니라 아무하고 나 하지 않을 뿐이다."라는 사실을 알아야 한다. 여성은 자신이 선택한 남자와 뜨거운 스킨십과 섹스를 하고 싶어 하지, 아무런 감정이 없거나 모르는 남자와는 하지 않는다는 것이다. 여성은 친밀감과 신뢰가 쌓여 있지 않은 모르는 남자와의 섹스는 꺼린다는 사실을 알아 두길 바란다.

LMR(Last minute resistance)이란, 좋아하는 그녀랑 이런저런 데이트 끝에 모텔이나 자취방에 들어간 후 갑자기 방어적으로 변한다거나 스킨십을 거부하는 것을 말하는데, 마지막 순간 거절한다는 의미에서 '마지막 저항'이라고 한다.

그 이유에 대해서 정말 궁금해하는 남자들이 많다. 그 심리에 대해 결론은 나를 아직 덜 좋아하기 때문이다. 이것이 가장 맞는 표현법인 것 같다.

어떤 여자들은 "신뢰와 믿음이 부족해서"라고 말하는데, 핵심을 빗나갔거나 조금 부족한 설명이라고 생각한다. 만난 지 짧은 시간 안에 잠자리를 가진 후 사귀는 사례들도 많이 있기 때문이다. 그렇다면 왜 그렇게 되는 것일까? 바로 이성적 남자로서의 성적 매력 때문이다.

그녀와 몇 번의 데이트 후에도 나의 이성적 매력이 부족하거나 나의 가치를 낮게 평가하여 덜 좋아하게 되는 것이고 마지막 저항이 생기는 것이다. 사실 첫 만남이나 두 번째 만남이 아닌 여러 번의 만남 후 이런 현상이 생기면, 사실상 심각하게 이 사태를 받아들여야 한다.

2장

모텔 입성 후
섹스 유도하기

　그녀와의 모텔입성 루틴은 〈작업의 정석〉에서 언급했기에, 보충설명 및 모텔에서의 섹스를 유도하는 법에 대해 알아보도록 하자.

　정말 좋아하고 사랑스러운 그녀와 모텔에 입성한 것에 떨리는 마음과 기쁨을 감출 수 없지만, 끝까지 유혹자로서의 자세와 매력 있고 가치 있는 남자라는 것을 보여 주어야 한다. 긴장할수록 천천히 그리고 여유 있게 행동해야 한다는 것이다.

　왜냐하면 여자는 모든 것을 다 지켜보고 있기 때문이다.

당신이 가치가 낮고 평범한 남자처럼 우왕좌왕하고 덜덜 떨고 긴장해서 경직되어 있으면, 여자는 왠지 손해 보는 느낌과 더불어 이건 아닌 것 같다는 생각을 하게 될 것이다. 여자는 착한 남자 코스프레를 하는 남성들에 대해 오히려 더 짜증하거나 분노 할 수도 있다.

그녀와 여유 있게 그리고 평소 하던 대로 행동하면서 방에 들어갔는데, 방으로 처음 들어갔을 때는 먼저 긴장을 풀어주는 사전작업을 선행해야 된다.

방에 먼저 들어갔을 때 당신은 그 방이 어떤 디자인이고 어떤 등급인지를 신경 쓸 필요는 없다. 당신은 그냥 이 말만 하면 된다.

"와우~ 정말 멋진데? 요즘 모텔은 디자인이 좋구나! 우리 집보다 더 좋은 것 같아^^" 라고 당신이 먼저 긍정적이고 즐거운 기분과 느낌을 전달해야 한다. 그럼 여자는 한결 더 편안하게 여기고 안심할 것이다. 그리고 난 후 침대에 먼저 앉아서 텔레비전을 켜라. 들어오자마자 바로 스킨십을 한다면 강한 경계심을 드러낼 수도 있고, 모텔까지 와서 거부할 수도 있기 때문이다.

텔레비전을 켜고 시청하면서 "수정이도 이리 와서 같이 보자."라고 말하고 침대에 같이 앉거나 누워서 텔레비전을 본다. 그리고 서서히 스킨십을 시작하면 된다.

여성이 만취해 있을 때는 굳이 설명하지 않아도 알아서 잘할 거라 생각한다. 약간의 팁을 주자면, 여성이 만취해서 당신이랑 모텔까지 같이 가는 것은 사실 여성이 만취하지 않았을 가능성도 매우 크다고 볼 수 있다. 맨 정신에 가면 쉬워 보이거나 당신과 남들의 이목 등을 생각하거나 당신이 자신을 더 쉽게 유혹할 수 있게 베러하는 행동일 수도 있다는 것이다.

내가 유혹을 하는 도중 그녀에게 합격점을 받고 나에게 빠진 여성들에게 스킨십을 하려고 옆자리로 이동하면, 마치 기다렸다는 듯이 취한 것처럼 행동하는 여성들도 많이 있었다.

3장

섹스를 승낙 받는 5가지 기술

모텔에서 약간의 스킨십을 하는 도중 여성이 섹스를 거부하게 되면 매우 황당하고도 남자가 안달 나게 하는데, 밀고 당기기와 3s기법에서도 언급했듯이 여자가 거절하면 더 밀어붙이지 마라. 자신의 속마음을 잘 표현하지 않거나 표현할 줄 모르는 90년대에나 반강제적인 밀어붙이기가 통할지는 몰라도, 지금은 그렇게 한다면 감옥에 갈 수도 있기 때문이다.

일단 여성이 계속 거절하면서 당신에게 온갖 테스트를 한다면, 그것을 모두 다 격파할 필요는 없다. 당신은 내가 알려 주는 행동을 하면서 대응만 하면 된다. '패턴 인터렙션'을 이용해 분위기를 끊고 내가 다시 분위기를 주도하는 것이다.

1. 더 이상의 터치와 호감선언을 하지 마라! -Freeze out

2~3차례 시도에 부드럽게 "오빠 안 돼요."가 아니라 강한 어조로 정색하거나 화내면서 "오빠, 이건 정말 아니잖아." 라고 지적, 훈계, 가르침, 강한 방어를 한다면, 그 말을 듣는 즉시 그녀에게서 멀리 떨어져 앉아서 담배를 피거나 텔레비전을 계속 시청하라. 5분이건 30분이건 그녀가 다시 말을 걸 때까지 기다려라.

그리고 만약 그녀가 집에 갈려고 한다면 당신이 먼저 모텔을 나가 버려라. 차라리 그편이 굴욕당하지 않고 그녀를 한 방 먹인 것이다. 내가 맹세코 그런 여자는 당신과 섹스를 할 마음이 처음부터 없었으면서 그냥 간을 보려고 온 것이다. 당신이 아무리 절절 매달리면서 사정해도 그녀는 안 줄 것이라는 것을 나는 알고 있다.

2. 우회적으로 그녀의 성감대를 자극하기!

2~3차례 시도에도 "오빠 안 돼요."라고 부드럽게 말한다면, 이렇게 얘기하라.

"그래, 알겠어. 오빠가 마사지해 줄게. 엎드려 봐."

그리고 그녀와 어깨와 등, 허리 순으로 내려오면서 마사지를 하는데, 여기까지 짧고 굵게 해 주고 본격적으로 마사지를 하는 부분은 허리 밑에 골반이랑 엉덩이, 허벅지이다. 그 부분은 천천히 집중적으로 마사지를 해 주면 여성이 흥분할 가능성이 높다. 물론 기본적인 마사지 지식이 있으면 더 좋을 것이다.

골반과 엉덩이, 허벅지를 집중적으로 천천히 마사지를 하면서 그녀의 허벅지 안쪽까지 집중적으로 마사지를 하면 더 성적 흥분을 높일 수 있을 것이고, 바로 이어서 다시 스킨십을 시도한다면 잘 받아 줄 것이다.

3. 안심시킨 후 감성과 스킨십으로 섹스 유도하기!

2~3차례 시도에도 "오빠 안 돼요."라고 부드럽게 말한다면, 일단은 "알겠어."라고 이야기하면서 이렇게 설득하라.

남자: 네가 뭔가 오해를 하는 것 같은데 오빠 이런 사람 아니야. 네가 나를 믿고 이렇게 모텔까지 같이 와 준 것만 해도 너무 기뻐. 난 안 해도 전혀 상관이 없어 너랑 너무 하고 싶고 하게 되면 너무 행복하겠지만, 그보다도 너랑 섹

스 할 만큼 가까워지고 싶었거든^^.

서연: 그렇구나.

남자: 너랑 섹스를 하면 너무 기쁜 것도 있지만, 그보다 너랑 섹스를 한 후 서로를 더 믿고 가까워지게 될 우리 사이를 만들고 싶을 뿐이야. 그만큼 오빠를 믿어 준다는 거잖아. 근데 오빠도 사실 건강한 남자잖아. 널 보면 좋고 좋으면 만지고 싶고 만지다 보면 하고 싶은데 사실 네가 너무 궁금해.

서연: 흠……

남자: 그럼 서연아, 이렇게 하자. 오빠 정말 안 할게. 그냥 만지기만 할게. 알겠지?

이렇게 말하면 일단 여성은 안심하게 되고 스킨십은 받아 준다. 그 후 키스로 분위기를 끌어올리고 집중적이고 집요하게 여성의 성감대인 가슴과 허벅지를 자극해 섹스를 이끌어 내면 된다.

4. 모성애와 연민을 자극하기!

2~3차례 시도에도 "오빠 안 돼요."라고 부드럽게 말한다면, 그 즉시 그녀에게서 멀리 떨어져 5분이건 30분이건 그

녀가 다시 말을 걸 때까지 텔레비전을 보면 된다. 그녀가 만약 미안해하거나 당황한 태도를 보인다면 이는 당신을 좋아하지만 망설이는 것이니, 이때부터 그녀의 마음을 열기 위한 연기를 해야 한다. 갑자기 급 우울모드로 돌입하여 슬픈 분위기를 연출하고 그 느낌을 전달하면서 그 분위기를 정점으로 가지고 가라. 그리고 마지막에는 눈물을 흘리는 것이다. 그럼 그녀가 이렇게 물을 것이다.

여자: 오빠, 왜 울어~

남자: (그냥 더 슬프게 울어라. 그녀는 당신에게 집중할 것이다.)

여자: 오빠, 왜 울어~

남자: (아주 작은 목소리) 아니야.

여자: 어? 뭐라고?

남자: (여기서부터 대화루틴 시작이다.) 사실은 내가 지금까지 내 이상형에 가까운 여자를 만나 본 적이 없는 정말 오랜만에 마음에 드는 여자를 만났어. 근데 그 여자에게 거절당했다는 사실이 나를 너무 슬프게 해서……. 나도 너 같이 예쁜 여자 한번 만나 보는 게 소원이었는데, 역시 사람은 자기 주제를 알고 분수를 알아야 돼. '나에게도 이런 행운이 찾아올 줄이야.'라고 좋아했는데, 역시나 꿈은 꿈

일 뿐이고 희망사항은 어디까지나 희망사항인 거였어. 세
상에는 아무리 진심을 다해 노력해도 안 되는 게 있는 줄
알고는 있었지만, 이번만은 정말 가슴이 너무 아파. 아니
야, 그렇다고 넌 신경 쓸 거 없어. 그냥 '내 인생이 그런
가 보다.'라고 생각 중이야. 넌 그냥 자.

여자: 아, 뭐야~ 그거였어? (웃으며) 오빠 이리로 와.

남자: (그녀를 바라본다) 어? (오라고 해서 그냥 뛰어가지 마시길.
끝까지 메소드 연기를 해야 한다.)

여자: 응, 응. (이리로 오라는 손동작) 이리 와 봐.

남자: (눈물을 닦으며 천천히 걸어간 후 그녀 앞에 서서 그녀의 두
눈을 지극히 바라보면서 약간의 미소를 짓는다. 끝까지 메소드
연기를 하시길.)

그리고 바로 덮치지 말고 같이 누워서 천천히 스킨십을 진
행하면 된다. 이 방법은 내가 초보 시절에 즐겨 사용했으며,
거절당한 적이 거의 없었다. 이 방법을 쓰면 여자의 마음이
한순간에 열릴 것이다.

5. 작전상 후퇴 후 전진하기!

2~3차례 시도에도 "오빠, 이거는 안 돼."라고 말한다면,

'너랑 이 쓸데없는 실랑이를 하다 모든 힘을 다 소비했다. 이제는 너무 피곤해서 눈떠 있을 힘도 없다.'는 느낌을 충분히 전달하고 그냥 잠을 자면 된다. 근데 이 방법은 참 신비한 힘을 가지고 있다. 단지 마음을 비우고 잠을 잤을 뿐인데 여성에게 묘한 심리를 준다는 것이다.

사실 여자는 쉬운 여자로 보이기 싫어 좀 더 튕긴 것이거나, 혹은 하고 싶기는 하지만 아직은 좀 두려운 마음에 약간 망설이고 있는데 당신이 갑자기 잠들어 버려 아쉬울 것이다. 내가 싫다고 하자 그냥 잠을 잔 남자를 보니, 하고 싶기도 하고 아쉽기도 하면서 어쨌든 내 의견을 존중해 주었다는 생각에 '이 남자면 정말 자고도 나를 떠나지 않겠구나.'라고 대부분의 여자들은 생각한다는 것이다.

이러한 심리 때문에 실제로 자고 일어난 후 다시 스킨십을 하면, 아주 잘 받아 주고 성공하는 경우가 많다.

6. 그녀의 의사를 존중해 주라!
2~3차례 시도에도 "오빠, 이거는 안 돼."라고 하는 것이 아니라 "오늘은 안 돼."라고 한다면 "왜?"라고 물어볼 것이

다. 그녀가 그날이어서 그럴 수도 있고, 다음 날 중요한 업무를 보아야 해서 안 된다고 할 수도 있다.

물론 나를 정말 좋아하고 그녀가 나랑 스킨십을 하고 싶다면 그날이거나 밤을 새고서라도 관계를 가질 수도 있다. 내가 연애 초보일 때는 이런 이유로 거절한다면 모두 거절당한 줄 알았지만, 정말 그날이거나 특수한 날이어서 안 하는 경우도 종종 있었다.

알게 된 지 얼마 되지 않아 그날의 그런 모습까지 보여 주고 싶지 않은 심리가 작용하는 여성이 있고, 자신에게 매우 중요한 업무 때문에 오늘은 안 된다고 할 수도 있을 것이다. 또한 그녀가 나를 좋아한다면 "우리 다음에 하자."라고 정중히 얘기할 수도 있다. 1번과 같은 상황이 아니라, 그녀가 진심으로 특별한 사정이 있다면 여성을 배려해 주어야 한다.

어차피 그날 못할 거라면, 끝까지 좋은 모습을 보여 주자. 부글부글 끓는 욕심을 멋진 남자답게 절제하고, 아주 쿨하고 '나는 전혀 상관없어. 너랑 꼭 이거 때문에 만나는 거 아니야.'라는 느낌과 태도를 전달하고 잠을 자든지 재미있는 대화를 나누고 장난을 치면서 시간을 보내면 된다.

그리고 위에서 말한 것처럼 자고 일어났을 때 한번 시도해 보고, 그래도 안 되면 쿨하게 보내 주면 된다. 말 그대로 끝까지 좋은 모습을 보여 주면 오히려 다음에 만났을 때 성공률을 더 높일 수 있을 것이다.

이것은 지난날 수많은 실전강의를 하면서 가장 많이 받은 질문 중의 하나이기에 서술하는 것으로, 연애의 기술과 함께 저자의 개인적인 생각도 포함하고 있다. 이 글을 읽은 독자는 "1번의 상황과 6번의 상황을 어떻게 구별하나요?"라는 질문을 하게 될 것이다.

1번의 경우는 사실상 여성에게 굴욕을 주고 관계를 정리하라는 뜻이다. 당신이 싫어서 여성이 거절할 때 흔히 하는 말이 있다.

"오빠, 나 스킨십 하는 거 원래 싫어해. 결혼할 사이나 사귀는 사이 아니면 안 해. 내 순결을 지켜 줘. 남자라면 나를 지켜 줘야 되는 거 아냐?" 그 외에 다른 명분으로 거절을 할 때 왠지 모르게 기분이 상하고 위축되고 뭔가 당신이 못된 짓을 하고 있다는 식으로 지적, 훈계, 가르침, 강한 설득과 같은 어조로 얘기를 하는 것이다. 당신은 지금 이 순간을 그녀랑 하나가 될 수 있는 아주 로맨틱하고 좋은 상황이라고 생각하는 것과 달리, 충격적이게도 여자는 이 상황을 다급하고 위기의 순간이라고 생각하기 때문에 그렇게 강하게 나오는 것이다. 즉, 당신이랑 전혀 섹스 할 마음이 없으면서 같이 따라 들어온 것이다.

그럼 나에게 또 이렇게 물어볼 것이다. "왜 섹스 할 마음도 없으면서 만취한 것도 강제로 끌고 온 것도 아닌데 따라온 것인가요? 유혹의 실력이 부족해서도 아니고, 그녀의 어떤 이유와 명분을 잘 배려해야 남자인 것이죠."라고 말하겠지만, 남자가 신도 아니고 이만큼 했으면 된 것이다. 결론은 그냥 '그녀는 이상한 여자'이다.

물론 여성의 입장에서 좋게 반박한다면 "그 남자에게 호감이 있었지만 막상 모텔에 들어온 후 '이건 아니다.'라는 생각이 들어서 그렇게 한 것입니다."라고 말할 수 있을 것이다. 나는 이것에 대해 이렇게 말하고 싶다. 여자들이 흔히 하는 말 중 하나인 "우리 사이(인연)는 이것밖에 안 되는 거겠지?"라고 똑같이 말하고 정리하면 된다.

6번의 경우는 그녀가 거절할 때 당신은 기분이 상하지도 않고, 위축되거나 "뭔가 못된 짓을 하면 안 된다."라는 식의 느낌이 전혀 안 들 것이다. 왜냐하면 이미 여성이 당신을 배려해서 기분 상하지 않게 부탁형으로 얘기하기 때문이다.

그럼 그녀랑 합의점을 찾고, 내가 말한 메소드 연기로 그녀를 끝까지 지켜 주고 배려해 주면서 멋진 남자의 모습을 보여 주면 되는 것이다. 어차피 못할 거 내가 먼저 선수 쳐서 "나는 그런 거 신경 쓰지 않아. 너랑 이렇게 둘이 같이 있는 이 순간이 의미 있는 거야."라는 말과 느낌을 전달한다면, 분명 다음에 더 성공할 확률이 높아지고 당신을 더 신뢰할 것이다.

이 모든 것을 총정리하면 이렇다. 몇 번의 시도 후에도 그녀가 거절한다면, 일단 관계를 정리할 것인지 아닐지를 생각하라. 그리고 나를 싫어하는 것이 아니라는 판단이 들면, 2번째~5번째 방법을 차례대로 실행해 보고 끝까지 안 된다면 6번째의 방법대로 끝까지 매너 있고 여유 있게 행동하면서 다음을 기약하면 된다.

주문기법을 통한 각인섹스

섹스만 하게 되었다고 그녀가 몸을 허락했다고 다 끝난 게 아님을 알아야 한다. 앞에서도 강조했듯이 여성이 원하거나 만족하는 적정선 정도의 만족을 주어야 하는 것은 물론이다. 섹스는 좋아하는 여성에게 나를 확실히 각인시킬 수 있는 절호의 기회다. 이 좋은 기회를 절대 놓치면 안 되기 때문에 그 시너지효과를 최대한 증강시키기 위해 '각인섹스'라는 것이 존재한다.

왜 각인섹스를 해야 하는가? 남녀가 섹스를 하기 전에는 굉장히 흥분하고 서로에게 이끌리는 것은 사실이지만, 섹스 후 남는 것은 아무것도 없다. 대부분의 남자들은 섹스 후 정복감에 의기양양하지만, 여성은 사실상 허무하거나 남는 게 없는 경우도 많고 어쩌면 섹스 한 것을 후회할지도 모르는 등 여러 가지 리스크나 변수가 존재한다.

섹스 후 남자가 더 사랑해 주는 기분이나 느낌이 들지 않는다면 "나 뭐 한 거지?"라는 생각도 들 것이다. 여성은 분명히 집에 돌아가서 생각했을 때 당신에 대해 긍정적으로 평가해야만 여성이 가지는 구매자의 후회도 없을 것이다.

사실상 당신 혼자 좋고 즐기며 만족했을 수도 있을 것이다. 반대로 여성은 막상 좋아서 섹스를 했지만, 자신의 성에 차지 않았거나 자기 스타일이 아닐 수도 있어 오히려 호감이 떨어질 수도 있다는 점도 유의해야 한다.

그래서 섹스 중 가장 흥분될 때 무의식에 나의 이미지를 각인시키고, 여성에게 반복적 주문으로 완전히 내 프레임에 두는 기술, 반복적인 세뇌교육으로 나에게 빠져들게 하는 것이 늘 필요했다. 그래서 각인섹스라는 것을 만들어 내게 되었다.

각인섹스의 원리는 이렇다. 최고조의 흥분상태가 되는 섹스 중일 때는 Trance(트랜스: 최면에 걸린 듯한 몽환적인 상태)에 빠지는데, 일반인이 직접 최면을 걸 수 없으며 그 상태를 인위적으로 만들 수 있는 상황은 바로 섹스가 절정에 이르렀을 때이다. 그 상황에서 내가 반복적인 암시로 세뇌교육을 시킨다면 더욱더 큰 영향력을 발휘하는데, 여기서 Yes세트를 첨가하면 된다.

인위적으로 최고의 흥분상태인 'Trance상태＋Yes세트'의 원리이다. 그녀와 격렬한 섹스를 하는 도중 간결하고 쉬운 질문으로 시작해 예스를 받아 낸다.

오빠 마음에 들어? 네.
오빠가 좋아? 네.
오빠랑만 연락할 거지? 네.
오빠가 느껴져? 네.
이제 딴 남자랑 연락하면 안 돼? 네.
하영이 이상형은 누구? 태훈이 오빠.
누구랑만 연락할 거야? 태훈이 오빠.
하영이 누구 꺼? 태훈이 오빠.

그리고 마지막에는 항상 이러한 질문을 덧붙여 'Yes'를 이끌어 낸다.

"넌 내꺼야. 알겠어?"

"네."

이런 식의 반복적 교육이나 말을 여성의 흥분이 절정에 달했을 때 계속적으로 반복한다면, 무의식에 새겨질 것이다. 수많은 경험상 이것이 세뇌 반복적 교육효과에 매우 좋았으며, 긍정적으로 더 가까워지는 데 기여했다.

이 주문을 격렬하게 섹스할 때만 해야 한다. 천천히 부드럽게 할 때에는 사실 여자가 트랜스 상태가 안 될 수 있으니, 반드시 격렬하게 할 때 이 주문을 해야 무의식에 각인이 된다. 한 번 섹스를 할 때 전체적으로 3번 정도 하는 것이 좋고, 두세 번까지만 섹스 할 때 활용한다면 더 빨리 그녀의 머릿속에 나를 각인시킬 수 있고, 내가 없어도 내 생각이 나게 되는 신비한 힘의 원천이 될 것이다.

소개팅이나 모임, 지인의 소개로 알게 된 사이를 '소셜데이트'라고 하는데 일명 '차려진 밥상'으로 통한다. 소개팅은 더 쉽게 예쁘고 퀄리티 있는 여성을 만날 수 있다는 장점이 있다.

05

소개팅 데이트
대화루틴

소개팅 실전 성공노하우

소개팅이나 모임, 지인의 소개로 알게 된 사이를 '소셜데이트'라고 하는데 일명 '차려진 밥상'으로 통한다. 그 어떤 장소에서 직접 어프로치를 통해 알게 되는 예쁜 여성은 다른 남자보다 더 가치 있고 매력적으로 한눈에 보여야 하기 때문에 수고로움이 이만저만이 아니다. 그래서 소개팅은 더 쉽게 예쁘고 퀄리티 있는 여성을 만날 수 있다는 장점이 있다.

만약 당신이 클럽이나 헌팅으로 경험이 많이 있는데도 불구하고 소개팅이나 지인 소개로 알게 된 매력적인 여성을 놓친다면 정말 반성해야 할 것이다. 우리가 앞으로 강화해야 할 것은 바로 소셜데이트를 많이 할 수 있는 좋은 인맥과 네

트워크를 구축하기 위해 노력해야 하는 것이다.

　너무나도 힘들고 일반 남자들은 차이기만 하는 콜드 어프로치(Cold-Approach: 모르는 여성에게 접근하는 것)를 해야 하는 클럽과 헌팅은 이제 그만 잊고, 친목모임이나 소개팅으로 더 많은 여성을 만나기 위해 노력해 볼 것을 권하고 싶다. 왜냐하면 콜드 어프로치로 만나는 것보다 친목모임이나 소개팅으로 만나 사랑을 이루는 것이 100배는 쉽기 때문이다. 그래서 유혹의 기술을 배우고 친목모임이나 소개팅에서 쉽게 여성을 만나, 쉽게 행복한 사랑을 이어 나갔으면 좋겠다.

　물론 '지인의 소개로 알게 된 사이'가 가장 쉽다고 해서 그녀들에게 방심하지 말고 최선을 다해 유혹의 기술로 유혹해야 실패하지 않겠지만, 당신이 추구해야 할 궁극의 목표는 바로 이 지인들을 많이 아는 것이다. 인맥이 넓은 사람들에게 먼저 다가가 호의를 베풀고 좋은 지인이 되어 주어야 한다. 지금 당장 나에게 "네가 알고 있는 여자들을 소개해 줘."라고 하는 것이 아니라 당장은 그 사람이 아무 반응이 없어도 신뢰를 쌓으면 언젠가는 인맥의 혜택을 볼 수 있을 것이다.

만약 그가 당신을 부를 때는 언제나 최상의 스타일과 컨디션을 보여 주면서 여유롭고 유쾌하며 욕심이 없다는 것을 전달해야 당신에게 대한 경계도 없어질 것이다. 평소 당신의 스타일과 인간성을 보고, 부끄럽거나 위험하지 않다고 판단하기에 이성이 있는 자리에 초대하는 것이기 때문이다.

그가 남자라면 어느 날 여성들이 있는 자리에 당신을 초대한다면, 절대 주제넘게 나서서도 안 되며 그를 지도자로 인정해 주어야 한다. 그리고 당신에게 주어진 파트너에게만 충실해 그 여성이 만약 마음에 들지 않더라도 충분히 기분 좋은 시간이 될 수 있게 노력해야 할 것이다. 그래야만이 그 주선자도 다음에 당신을 또 부를 것이기 때문이다.

만일 나에게 주어진 파트너가 마음에 들지 않는다고 무관심으로 일관한다거나 분위기를 망치거나 그녀의 친구를 기분 상하게 한다면, 분명 그녀는 당신의 지인에게 당신에 대해 험담을 할 것이고, 주선자도 분위기를 망치는 당신을 좋게 보지 않을 것이다.

항상 모든 복권이 대박만 나올 수 없듯이 비록 당신이 구축

한 소셜네트워크의 지인이 마음에 들지 않는 여성을 데리고 온다고 할지라도 지인과 여성이 잘되게 도와주고 그 여성의 친구도 챙겨 주는 센스는 필수다. 그러다 어느 날 문득 마음에 드는 여성을 알게 되거나 소개 받을 수도 있기 때문이다.

소개팅 실전 성공노하우

일단 소개팅을 받기 전 주선자에게 주도권을 주면 절대 안 된다(2:2제외 1:1소개팅 상황만 해당된다). 그렇게 되면 여성은 당신을 우두머리 수컷으로 보는 것이 아니라 주선자를 더 신경

쓰고 그렇게 생각하기 때문이다. 당신이 주인공이고 주선자는 조연출이라는 인식과 상황을 확실히 해야 한다. 그리고 주선자에게 그 어떤 영향력도 행사하게 하거나 파급력을 가지게 해서도 안 된다. 당신은 주선자에 의해서 그녀를 직접 소개받는 일도 해서는 안 된다.

수많은 일화 중에 여성이 소개팅 남자가 아닌 주선자와 이루어졌다는 후일담은 그냥 생긴 것이 아니다. 당신이 주선자에 받을 도움은 "그 사람은 좋은 사람이야."라는 말 한마디와 그녀의 연락처가 전부여야 할 것이다. 주선자의 역할은 그것으로 끝이고, 그 역할을 마치면 바로 영구 퇴장시켜야 할 것이다.

연락처를 받아 연락을 먼저 하는 것을 시작으로 출발해야 한다. 초면에 주선자에 의해 첫 만남을 가지는 것보다 내가 먼저 연락의 기술에 의해 그녀의 호감과 친밀도를 올린 상태에서 시작하는 것이 더 빨리 유혹할 수 있는 모든 환경과 상황을 만들어 줄 것이기 때문이다.

왜 직접 주선자에 의해 바로 만남을 가지는 것이 아니라 연락을 먼저 해야 하는지, 그 이유를 설명하겠다. 바로 여성이 가지는 습성 때문이다. 당신을 처음 만날 때 어색한 느낌부터 받을 것이며, 그러면 첫 시작부터 막힐 것이기 때문이다. 그녀와 만나기 전에 충분히 나와 친해지고 난 후 만나는 것이 힘들이지 않고 순탄하게 사랑이 이루어지는 방법이다. 그렇게 되기 위해서 준비해야 할 것이 있다.

첫 번째, 메신저 프로필이다. 메신저 프로필에 자신이 가장 자신 있거나 여자들에게서 호평을 받는 사진 세 장을 준비한다. 그리고 그것을 포토샵으로 한층 더 업그레이드 시켜라. 항상 자신을 대변해 줄 수 있는 최고의 사진 3장은 준비해 두어라. 그리고 항상 더 좋은 사진을 찍기 위해 노력을 기울여라. 유혹과 연애를 위해 그 정도의 수고로움은 당연한 것이다.

두 번째, 〈연애의 기술〉에 나와 있는 연락의 기술들을 모두 참고해 최대한 높은 호감도와 많은 친밀함을 쌓아야 한다. 문자와 연락의 기술은 〈연애의 기술〉을 참조하길 바란다.

2장

인터넷 소개팅업체
공략하기

   인터넷 소개팅업체에 가입하면 가장 먼저 해야 하는 것이 자신의 프로필을 최대한 멋지게 꾸미는 일이다. 메신저 프로필과 동일하게 자신이 가장 자신 있거나 여자들에게서 호평을 받는 사진 세 장을 준비하고 포토샵으로 한층 더 업그레이드 시켜라. 그리고 프로필에 사진을 올리고 나머지 정보에는 자신의 정보를 저장한다. 과장이나 허위기재는 안 되겠지만 겸손하거나 자신을 낮출 필요는 절대 없다. 그곳은 자신을 드러내고 알려야 하는 곳이기 때문이다.

상대 여성을 선택하는 방법

상대 여성을 선택할 때에 반드시 알아 두어야 할 것이 있다. 물론 얼굴사진만 보고 마음에 드는 여성에게 호감쪽지를 보내겠지만, 최소한 그 업체에 가입한 여성의 의도를 파악하는 것도 중요하다. 그래서 상대 여성의 프로필을 관찰해야 하는데, 자신의 프로필을 어느 정도 꾸미거나 개인정보를 성의 있게 기재한 여성들 위주로 선택해야 한다.

왜냐하면 외출할 때 최소 2시간은 회장과 치장을 하는 여성들이 소개팅사이트에 가입하면서 자신의 프로필사진도 올리지 않고 개인정보도 불성실하게 기재한다는 것은 소개팅할 의사가 없다는 것과 같기 때문이다. 그런 여자는 그냥 심심해서 가입만 한 것이거나 소개팅 자체에 별 뜻이 없기 때문에 남자들이 호감을 보낸다고 할지라도 어쩌다 한 번 접속해 일괄승낙이나 일괄거절을 누른다.

주의해야 할 여성

남자들은 앞에서 말한 이런 것들을 알지 못한 채 그냥 예쁘면 일단 호감부터 보내겠지만, 그녀의 프로필을 자세히 살펴보면 그녀가 어떤 사람인지 어떤 태도로 임하는지 단서를 알 수 있다. 자신의 수준보다 훨씬 높은 남자의 연봉을 희망 사항으로 제시한다거나 이상형 란에 매우 구체적으로 자신의 이상형에 대해 언급한 여성들과는 성사될 가능성이 희박하다. 왜냐하면 그녀들은 백마 탄 왕자를 기다리고 있기 때문이다.

실제로 호감을 보내고 승낙이 되고 연락하고 만나서 유혹하여 사랑을 나눈 여성들 대부분은 자신의 이상형에 '무관함'이라고 적거나 아무것도 기재를 하지 않거나 '좋은 사람 만났으면 좋겠어요.'라는 긍정적이고 많은 가능성을 열어 두는 태도와 의사를 보였고, 남자의 연봉에도 대부분 '상관없음'이나 '무관'이라고 적었다.

그러나 실제로 그 여성들을 만나 보니 집이 부유하거나, 좋은 회사에 다니거나, 자기 사업으로 최소한의 작은 성공이나마 여유가 있는 여성들이었다. 작은 중소기업에 다니는 여성은 딱 한 명뿐이었다.

3장

소개팅 대화
데이트 기술

소개팅 만남으로 가장 최적의 장소는 어디일까? 바로 자신이 가장 지리적·정서적으로 잘 알고 자신감 있는 편안한 장소를 만남의 장소로 잡아야 한다. 즉, 내가 유혹하기 편안하고 자신 있는 곳을 첫 만남의 장소로 지정해야 한다.

어떤 이는 '여자의 집 근처'라고 말하는데, 그건 잘못된 이야기이다. 여자 선수나 어장관리녀들이 늘 하는 말이 있다. "오빠가 우리 동네로 와." 그 말 이면에 어떤 의미가 있는지 안다면, 아마도 놀랄 것이다.

"나는 예쁘고 인기가 많아. 밥 사 주고 술 사 주고 운전기사까지 해 주는 착한 남자들이 많아. 그래서 오빠를 만나러 신사동까지 갈 이유도 없고, 오빠는 그만한 가치가 있을 수도 있고 없을 수도 있겠지만 중요한 것은 매우 귀찮아. 그러니 오빠도 다른 쉬운 남자들처럼 또는 나에게 조공하는 남자들처럼 우리 집 근처에 와서 밥 사 주고 영화 보여 주고 우리 집까지 태워 주고 오빠는 집에 혼자 가."

물론 그녀가 늦게 퇴근하거나 시간 구조상 어쩔 수 없다면, 당신이 그녀를 더 좋아하기 때문에 그녀의 주거지와 가까운 번화가를 선택할 수는 있다. 그러나 그것은 전략적 선택이지, 위에서 말한 것과는 다른 것이다.

그래서 소개팅 장소 첫 만남, 특히 여성에게는 첫 만남이 전부라고 누차 말했다. 왜냐하면 여자는 남자에게 단 한 번의 기회만 주기 때문에 첫 만남에 사활을 걸어야 한다. 그것이 잘되려면 내가 가장 지리적·정서적으로 잘 알고 자신감 있는 편안한 장소를 첫 만남의 장소로 선택할 수 있게 유도하고 그렇게 해야만 한다. 그것이 안 될 때는 차선책으로 접점을 찾은 후, 그 장소를 사전답사하고 시장조사는 필수이다.

소개팅 데이트 스킬과 대화루틴

소개팅으로 처음 만나서 인사하고 대화할 때와 식당에서의 나쁜 예와 좋은 예를 각각 살펴보자.

[처음 만나서 인사하고 대화할 때]

• 나쁜 예

남자: (90도 인사) 안녕하세요. 생각보다 예쁘시네요. (여성을 사장 대하듯 하지 마라)

여자: 네.

남자: 혹시 밥 먹어요? (여성에게 무엇인가 물어보지 말고 주도권을 넘겨주지도 마라.)

여자: 네? 그냥 뭐.

남자: 그럼 밥이나 먹으러 가요. or 갈까요? (절대 이렇게 말하
　　　지도 말고 이렇게 물어보지도 마라.)

여자: 네.

• 좋은 예

남자: (허리에 힘주고 가슴 펴고 어깨 펴고 고개 들고 턱 당기고 그
　　　녀의 두 눈을 정확히 응시하면서) 안녕하세요? (그녀 앞에 당
　　　당히 서서 여유 있는 미소를 하고) 반가워요. 귀여우시네요.

여자: 네.^^ (남자의 당당한 모습에 압도되어 호감을 느낄 것이다.)

남자: (이미 다 준비되어 있다는 듯이- 저쪽으로 걸어가자는 제스처
　　　를 취하면서) 이쪽으로 가요.

여자: 네? 어디 가는 거예요? 혹시 아시는 데 있어요?

남자: 아, 네. 제가 희정 씨 만난다고 해서 미리 예약해 둔 곳
　　　이 있거든요. (실제 예약은 안했더라도 이렇게 이야기하라)

여자: 정말요?

남자: 네. 제가 사실 강남 쪽은 오랜만에 오는 거긴 한데 예전
　　　에 아는 사람이랑 자주 갔던 데가 있거든요. 근데 그곳 분
　　　위가 정말 괜찮아요. 디자인도 좋고, 대화하기에 적당한
　　　음악이 흐르고……. 그래서 같이 가면 좋을 거 같아서요.

여자: 아, 네.

남자: 근데 요즘 날씨가 참 덥죠?

여자: 네, 조금 덥네요.

남자: 근데 희정 씨는 집에만 있었나 봐요. 얼굴이 뽀야네요?
피부 참 좋으세요.

여자: ^^아니에요. 그렇게 좋은 거는 아닌데. 오빠도 피부가
좋으세요.

[식사를 하러 음식점에 들어갔을 때]

• 나쁜 예

여자에게 모든 것을 맞추고 눈치를 살피지만, 실상은 여성
의 마음을 모르고 있어 여성을 오히려 분노하게 한다.

남자: (메뉴판을 여성에게 주면서) 뭐 드실래요? 좋아하는 거 시
키세요.

여자: 이거 맛있나요?

남자: 글쎄요, 저도 잘……. 아마도 맛있을 거예요. (이 말에 여
자는 '이 사람 뭐지? 나를 만나러 오면서 참 성의나 준비도 없
이 나왔네.'라고 생각할 것이다.)

여자: 여기 안 와 보셨나요?

남자: 네. 저도 소문 듣고 온 거긴 한데, 처음이라 먹어 봐야 할 거 같은데요? (이 말에 여자는 당신을 한심하게 생각할 것이고 의욕이 저하될 것이다.)

여자: 그렇군요. 그럼 저는 이거 크림 파스타 먹을게요.

남자: 네. 저는 볶음밥으로 주세요.

음식이 나온 후

남자: 먹을 만한가요? (매우 짜증나고 불쾌한 질문이다. 왜냐하면 당신이 데리고 온 식당인데, 맛도 모르면서 자신에게 먹어 보라고 시키고 맛을 물어보았기 때문이다.)

여자: 네.

남자: 저는 느끼한 거는 별로 안 좋아해서 파스타는 안 먹어요. (매너도 센스도 없으며 '그럼 자신이 싫어하는 느끼한 크림파스타를 먹는 나는 뭐가 되지?'라고 생각할 것이다.)

여자: 네.

남자: 다음에는 여기 말고 제가 정말 맛있는 곳 알고 있는데, 다음에 거기 가실래요? 거기 정말 맛있어요.

여자는 결정적으로 이 말에 분개할 것이다. 그럼 처음부터 자신을 만날 때 그곳으로 데리고 가지, 왜 알지도 못하는 리

스크가 있는 곳으로 데리고 와 이런 재미없는 대화를 나누고 자신을 짜증나게 할까라고 분노할 것이다. 그리고 여성과의 데이트에서 다음이란 없으며, 오늘 잘 보이고 오늘 내 모든 걸 다 보여 주어야 한다.

• 좋은 예

남자: (여유 있게 메뉴판을 보면서) 와우~ 여기 메뉴 엄청 맛있을 거 같아요.

여자: 그래요?

남자: (메뉴판을 같이 보면서)음, 이거랑 이거랑 드셔 볼래요?

여자: 먹어 봤어요?

남자: 네. 제가 사실 희정 씨 만난다고 해서 맛집을 알아봤거든요. 근데 이곳이 제일 괜찮다고 해서 사실 미리 왔었어요.

여자: (이 말을 듣는다면 여성은 당신에게 긍정적인 반응을 보일 것이다.) 아, 정말요?.

남자: 네^^ 제가 먹어 보니깐 이거랑 이게 제일 맛있는 거 같은데, 같이 먹어 봐요.

여자: 네.^^

남자: (어떤 음식이건 상관없이) 와우~ 엄청 맛있게 생겼다. 한 번 먹어 보세요.

여자: 맛있네요.

남자: 그렇죠? (한입 먹어 본 후) 맛있네요. 희정 씨랑 먹으니깐 더 맛있네요. 근데 아까부터 느낀 건데 그 귀걸이 정말 잘 어울리시는 거 같아요.

여자: 아, 정말요?

남자: 피부도 그렇고 세련된 느낌이 있어서 그런지 그런 종류가 잘 어울리세요.

여자: 네, 감사합니다. 오빠도 스타일 좋으세요.

남자: (여자가 나를 칭찬할 때 절대 여기서 맞장구를 치면 안 된다. 그때부터 주절주절 말해서도 안 된다. 그냥 여유 있는 미소 한 번 보내고 끝내라.) 그럼 우리 훈남훈녀들끼리 같이 건배 한 번(음료수를 들고) 할까요?

여자: 네.

남자: 음, 콜라에 탄산이 제대로 들어갔네요. ^^

여자: ㅋㅋㅋㅋ오빠 콜라 좋아하시나 봐요.

남자: 네, 톡 쏘는 게 시원하잖아요. ('아니요'라고 말하지 마라. 분위기에도 영향을 줄뿐더러 '네'라고 함으로써 또 다른 대화의

소재가 생기기 때문이다.)

이같이 긍정적인 바이브를 전달해 여성이 나와 같이 있는 이 모든 분위기와 시간을 긍정적이고 좋은 느낌으로 만들어야 한다.

여성들은 무리 내에서 공통적으로 내리는 결론이나 생각에 매우 공감하고 유대감을 형성하거나 편향되는 경향이 강한데, 이를 집단사고(Group Think)라고도 한다. 이 습성을 역이용한다면 오히려 더 편하고 쉽게 여성들 사이에서 인기 있는 남자가 될 것이다.

소셜 데이팅

유혹의 기술

1장

소셜 데이팅
공략기술

보통 직장이나 조직과 같은 곳에서는 여성들에게 각인되는 이미지 효과가 매우 크고 지속적이라는 점을 알아야 한다. 또한 여성들이 콜드어프로치로 만나는 사이가 아니라면, 그렇게 싫다고도 좋다고도 표현하지 않는 적당한 적정선을 유지할 것이다. 그래서 호감과 비호감을 알아내는 것이 조금은 더 힘들다고 할 수도 있다.

하지만 걱정하지 마라. 여성들의 이러한 습성을 잘 이용한다면 그리 어렵지 않기 때문이다. 여성들은 혼자 있을 때와 무리를 지어 있을 때 다르다고 했는데, 이것은 조직 내에서 알게 되는 여성에게도 해당한다. 여성들은 한번 거절하면 계속 거절하고, 한번 승낙하면 계속 승낙한다고 했던 〈연애의 기술〉 Yes세트 기법을 기억할 것이다.

이와 비슷하게 여성들은 무리 내에서 공통적으로 내리는 결론이나 생각에 매우 공감하고 유대감을 형성하거나 편향되는 경향이 강한데, 이를 집단사고(Group Think)라고도 한다. 이 습성을 역이용한다면 오히려 더 편하고 쉽게 여성들 사이에서 인기 있는 남자가 될 것이다.

일단 조직 내에 예쁜 여자가 있다고 해서 무작정 작업을 하는 것은 좋지 않다. 그 조직 내에서 가장 영향력이 있는 우두머리 여성에게 접근하여 친밀감과 신뢰를 쌓는 것이 급선무이다. 그 여성은 여성들을 리더하고 통제하는 사람일 것이다. 그 우두머리 여성이 하는 말이 그 여성들에게 영향력을 발휘하고 신뢰감이 더 있기 때문이다.

여성에게는 같은 여성이 멋지거나 좋다고 하면 자신도 그렇게 인정하려는 집단의식이 있다. 그래서 그 우두머리 여성에게 잘 보이고 좋은 점수를 받아서 훌륭한 평가를 받게 된다면, 나머지 여성들도 어느 순간 당신에게 좋은 평가를 주고 호의적으로 대할 것이다. 이것은 실제로 매우 좋은 현상으로, 그녀들이 대체적으로 당신을 믿을 수 있고 신뢰할 수 있다는 남자로 평가해 그 어떤 여성에게 친절을 베풀어도 거부하지 않을 것이다.

따라서 우두머리 여성의 호의적인 평가와 신뢰를 바탕으로 여성들에게 인기와 이미지를 쌓아올린 후, 마지막 타깃인 그녀에게 접근하는 것이 가장 확실하고 빠르고 실패율 없이 접근하는 방법이다.

2장

거래처 여자와의 데이트

우선 업무로 인해 가까운 거래처의 그녀를 알게 되었다. 첫눈에 참 상냥하고 내 스타일의 그녀를 보고 가슴이 두근거린다. 내 마음을 숨기면서 그녀를 대하지만, 마주치는 횟수가 늘어날수록 내 마음도 점점 커진다.

보통의 남자라면 사실 어설프게 주위를 서성이다가 어느 날 그녀에게 남자 친구가 생겼다는 소식을 듣고 심히 좌절할 것이다. 그렇게 되기 전에 과감하게 잘해 줄 때는 잘해 주고 자신의 감정표현을 적당한 선에서 절제할 때에는 절제하면서 치고 빠지기를 하면 좋다.

물론 너무 부담스럽게 갑자기 프러포즈를 한다거나 거창하게 고백을 한다거나 무거운 느낌의 부담스러운 데이트 신청을 하라는 게 아니다. 지나가다가 마주치면 친절하고 상냥하고 자상하게 호의를 베푸는 식으로 잘해 주고, 장난치듯이 얘기하면서 가까워지는 데 주력하면 된다.

그리고 언제 커피 한 잔 하자는 식으로 계속 암시를 걸면서 거래처 여성의 자발적인 긍정적 동의가 나오면, 데이트라는 개념보다는 부담 없이 같이 가벼운 차 한 잔 하자는 식의 개념으로 만나면 된다.

이때 암시기법을 쓰는 것도 좋은 방법이다. 지나가는 식으로 "만약 수연 씨에게 밥 먹자고 한다면 승낙하실 건가요?"라고 권유하듯이 물어보는 것도 좋은 방법이다. '만약'이라는 가정을 전제했기 때문에 거절당해도 사실상 거절이 아니게 된다.

〈연애의 기술〉에서 줌아웃&줌인+더블바인드 공식을 자세히 보면 알겠지만 "우리 언제 □□ 할래요?"라는 말이나 "만약 □□ 한다면 괜찮을까요?"라고 운을 띄우는 말을 하는 것이다.

잠깐 업무에 대한 얘기를 나누더라도 그녀에게 장난스럽게 "우리 잠깐 데이트 할래요?"라고 말하고, 서류를 주면서도 "수현 씨한테 제가 드리는 작은 정성이에요. 꼭 혼자 있을 때 풀어 보세요."라고 여유 있는 농담을 섞어 간을 보고 친목도 같이 쌓는 이중적 기법이 되니, 좋은 방법이다.

이런 식의 방법은 거의 거절당하거나 부담감을 주지 않을 뿐더러 지금 당장이 아닌 지나가는 식의 호의적인 농담에 정색하면서 거절하는 여자는 없을 것이다. 단지 회사나 거래처라는 그룹에서 거절당해도 계속 봐야 하는 불편한 상황 때문에 유혹의 기술에 의거한 본격적인 유혹을 하지 않고 잔잔하게 간을 보는 식으로 방법을 바꾸는 것뿐이다.

어떠한 말을 했을 때 그녀의 반응을 살피고 부정적인 대답이라면 친해지는 것에 다시 주력하거나 다른 전략을 세우면 된다. 만약 "아니요, 괜찮아요. 바빠요."라고 한다면 "음, 농담인데 왜 이렇게 정색하세요?"라고 넘어가면 되는 것이다.

거래처에서 만난 여성을 유혹하고 싶다면, 그 여성의 주변 인맥을 공략해서 좋은 평가를 받는 것도 좋은 방법이다. 조금의 가능성이라도 있다면 확률을 높여 가는 게 유리하니, 그녀가 나에 대해 긍정적으로 평가하는 좋은 수단이다. 과묵하게 관심 없는 척 남자다운 척하다가 정식으로 데이트 신청해서 정식으로 거절당하지 말고, 그녀에게도 그녀의 회사동료들에게도 친절히 대하면서 그녀에 대한 포위망을 조금씩 좁혀 들어가는 것이다.

그녀와 친목을 쌓는 것에 있어 그 회사나 모임이나 회식등 친목 자리에 참석해 조금씩 다가가는 것도 좋은 방법이다.

3장

다른 부서의
여자 공략법

우선 같은 회사에 다니는 여자는 신중할 수밖에 없다. 나도 회사에 다닐 때 경리나 설계사, 사무원등을 유혹한 적이 있다. 남몰래 은밀히 유혹하는 그 짜릿함이란 정말 매력적이다. 그러나 같은 회사이기 때문에 매우 조심스러운 것도 사실이다.

하지만 회사가 크거나 부서가 서로 독립적이라면, 상대적으로 작은 회사에 비해 부담은 매우 줄어들 것이다. 사내 유혹에 먼저 알아 두어야 할 것은 대부분의 남자들 특징이 그녀의 외모만 보고 그날부터 관심을 가진다는 것이다.

하지만 그녀에 대한 외모의 성적 관심을 잠시 접어 두고 그녀에 대한 정보수집에 먼저 주력하시길 정말 권해 드리고 싶다. 업무의 영향이나 그녀의 주변 인맥 퇴근 후 만남의 자유 등의 조건은 당연히 알아 두어야 할 사항이다.

먼저 사내에서 유혹을 하기 위해서는 업무의 우연성이 중요하다. 그녀에게 답답한 회사에서 당신이 하나의 해방구 같이 유쾌하고 그녀의 업무처리에 좋은 정보나 도움을 줄 수 있는 사람이 되는 것이 가장 확실한 기본 조건이라 할 수 있다.

그냥 그녀를 회사에서 매일 보는 것만으로도 만족한다면 어쩔 수 없겠지만, 절대 친구에게 내가 그녀를 좋아한다는 식으로 정보를 흘려서 그녀가 알게 하는 일명 8090식의 연애전술은 안 된다. 실제로 그 방법은 여성에게도 안 좋은 방법이다. 무엇이든 내가 직접 가서 해야 한다.

1. 안면을 터라
아무 일도 아니지만 기회는 만들면 되는 것이다. "저기요, 혹시 설계지원팀은 어디 있는 줄 아시나요?", "안녕하세요? 재무부에 올 때마다 느끼는 건데 분위기가 참 좋은 거 같아요."라는 식으로 먼저 말을 걸어서 안면을 트는 것이다.

절대 당신이 지나갈 때 그녀가 먼저 인사하는 일은 없을 것이고, 설마 그녀가 업무적인 일로 먼저 인사를 하고 말을 걸었다고 해도 당신에게 아무 감정도 없을 것이다. 오히려 여자인 자신을 어색하게 대하거나 무시한다고 생각해 당신에게 마이너스 점수를 줄 것이다.

2.자주 마주쳐라

그녀와 자주 마주치는 게 두 번째 일이다. 이제 안면을 텄으니, 친해지기에 주력해야 하는 것이다. 이것은 유혹의 단계가 아니다. 무작정 선수 티가 팍팍 나는 작업멘트를 하는 것이 아니라, 그녀가 나에게 편안하고 좋은 이미지를 가질 수 있도록 친해지는 데 주력해야 한다. 출퇴근 시간이나 밥 먹으러 가는 길에 그녀의 시간대를 파악하는 것이 좋다.

지하철에서 마주치는 것도 나쁜 방법은 아니지만, 대학생들끼리 알바 가는 길에 지하철에서 마주치는 것은 유혹의 한 가지 방법이 될 수 있지만, 직장여성에게 지하철에서 마주치는 것은 조금 차 없는 능력부족남이라는 인상을 줄 우려가 있다. 대다수의 직장여성이 차 있는 남자를 더 선호할 것이다.

그래서 출퇴근 시간에 회사 앞이나 회사 내에서 모닝 커피 타임 또는 티타임시간, 쉬는 시간, 퇴근하고 나가는 시간 등에 우연히 마주치면서 자주 인사하고 조금 더 이야기를 늘려 나가는 것이 좋은 방법이다.

사내에서는 사람들의 이목이 많기 때문에 그녀 혼자 있을 때만 말을 많이 하고, 동료들이랑 있을 때는 가벼운 인사와 대화 정도가 좋다.

절대 사내에서는 자신의 감정을 노출해서는 안 된다. 이는 자신뿐만 아니라 그녀도 곤란해질 수 있으니, 잠수함처럼 은밀히 간을 보고 공략해 나가는 것이 좋다.

또한 필요에 의해서는 그 조직의 실권자에게 먼저 양해를 구하고 내 편이나 후원자로 만드는 것도 좋은 방법이다.

학교에서
연애하는 법

캠퍼스의 기본자세와 갖추어야 할 요소

당신은 이제 캠퍼스 연애에서 자신의 유혹을 가장 많이 방해하는 요소들을 하나씩 제거하거나 그것으로부터 완전한 자유를 얻어야 할 것이다. 나의 가장 위험적인 경쟁자 중 하나가 바로 '선배님'이라는 존재이다.

특히나 허세나 입만 살아서 나서는 남자 선배의 경우는 제압도 하고 적당히 따돌려야 할 것이다. 당신이 가장 먼저 해야 할 것은 그 경쟁자들의 수준을 뛰어넘기 위한 단기와 중장기적인 계획을 세워야 한다.

어릴 때 가져야 할 마음은 내 여자는 반드시 내가 유혹하여 정복한다는 강한 의지이다. 그리고 지켜 주고 싶다는 생각은 꿈도 꾸지 마라. 반드시 유혹하여 내 것으로 만들겠다는 상남자다운 자세를 가져야 선배들을 이길 수 있을 것이다.

그리고 논리적으로나 완력으로나 선배를 앞서기 위해 노력하고, 유사시 당신의 유혹에 방해가 된다면 부드럽게 또는 강하게 제압해야 할 것이다. 아래의 대화를 살펴보자.

남자: 하영아, 안녕? 더 예뻐졌네? 귀걸이 정말 잘 어울린다.

여자: 정말? 고마워. 영준이 너 요즘 잘 안 보이던데 뭐하고 지내는 거야?

남자: 나 요즘 알바를 너무 열심히 하다 보니~ 왜? 나 보고 싶었어?

여자: 아니~ 조금? ㅋㅋ

남자: 와우~ 멋진데? 완전 잘하고 있는 거야. 나 쉬는 날 우리 같이……

선배: (둘의 사이를 보고 방해하기 위해) 야, 뭐하냐? 둘이 사귀냐?

라고 선배가 끼어들면서 의도적으로 당신을 방해하려고 한다면, 이렇게 얘기하라.

남자: 안녕하세요?

그리고 아무 말도 하지 말고 그 선배의 페이스에도 말리지 말고, 의도적으로 '너는 좀 빠져 줄래?'라는 분위기로 다운시켜라. 그럼 민망해서 그 선배는 갈 것이다. 만약 당신을 끌고 동아리나 수업을 같이 가자고 한다면서, 그 어떤 명분을 세우더라도 이렇게 말하라.

남자: 네, 알겠습니다. 일단 먼저 가 계세요. 우리 중요한 얘기를 하고 있으니 금방 가겠습니다.

이렇게 말하며 비언어적 압력을 주라. "저는 선배보다 프레임이나 권위가 약해서 감히 그렇게 못하는데요."라고 한다면, 나는 이렇게 말하고 싶다. 그 정도의 힘도 없으면서 경쟁자에게 그녀를 빼기지 않고 차지할 수 있을 거란 생각은 꿈도 꾸지 말라.

그리고 특히나 어린 친구들이 이성의 유혹에 실패하거나 거절당하거나 이별을 하게 되거나 선배(친구)에게 여자를 빼앗겼을 때 굉장히 분노하고 충동적 돌발행동을 하는데, 절대 그럴 필요가 없다. 물론 본인이 굳이 복수나 응징을 해야겠다면, 그렇게 할 수 있다면 해라. 하지만 그럴 수 없다면 더욱더 자기계발에 정진하라.

복수라는 것은 힘 있는 자만의 권리이자 특권이지, 힘없는 사람은 복수하고 싶어도 참는 것 말고는 할 수 있는 것이 없다. 그러니 힘을 키워라. 아무도 나를 함부로 대할 수 없고 무시할 수 없게 강한 남자가 되어라.

캠퍼스에서의 인맥과
네트워크

처음 입학을 하든 어떤 시작점에서 친구를 만들 때 좋은 남자 그룹을 만드는 것은 당연한 일이다. 좋은 남자그룹을 만들고 동시에 예쁜 여성과 친하게 어울리려는 노력을 기울여야 한다.

예쁜 여성을 발견했다면 접근해 말을 걸고 호의를 먼저 베풀어라. "난 당신에게 작업할 마음이 전혀 없어요. 단지 이 교양수업 또는 이 학기에 좋은 동료가 필요할 뿐이에요. 그런데 당신은 예뻐서가 아니라 성격이 좋아 보이고 좋은 사람인 것 같아요."라는 느낌을 먼저 전달하는 것이 중요하다.

이런 식으로 어떤 형태로건 예쁜 여자들을 한두 명씩 알아
가는 것이다. 그리고 당신이 주도적으로 이 여성들과 좋은
동료가 되기만 하면 된다. 그리고는 그 예쁜 여성들과 캠퍼
스를 거닐고 많은 여성들의 눈에 띄기만 하면 된다.

당신이 이미 그녀들과 어울리면서 다니기만 해도 학과나
동아리 교양 수업 등 당신이 다니는 모든 공간에서 여자들
에게 당신이라는 남자는 이미 검증되고 매력적이고 멋진 남
자가 되는 것이다. 그녀들은 당신에 대한 경계심도 없을 것
이고, 오히려 안전함을 느껴 당신을 긍정적으로 평가할 것
이다.

왜냐하면 그 예쁜 여성들과 어울리는 저 남자는 반드시 어
떤 검증된 매력과 가치가 있을 것이라고 생각하기 때문이다.
그리고 당신의 예쁜 여자사람 친구들이 없을 때를 틈타 다른
마음에 드는 여성에게 접근한다면 매우 긍정적인 반응을 얻
어, 그녀를 쉽게 유혹할 수 있을 것이다.

6장

교양수업 공략과
모임에 가입하기

만약 자신이 공대 같은 여자 사람 친구조차도 만들 수 없는 학과라면 스스로 만들 필요가 있다. 수업을 고를 때 한두 개의 과목은 혼자 중앙관이나 인문대, 예대 등과 같은 다른 학과 건물을 갈 수 있는 활로를 개척하는 것이 좋다.

혼자 교양수업을 듣게 된다면 맨날 전공과목을 친구들과 들으면서 느끼는 색다른 것들을 느끼게 되고, 가장 중요한 썸녀를 만들 수도 있기 때문이다. 나는 교양수업으로 수많은 여성을 만났는데, 대부분 나에게 주어진 기회는 절대로 놓치지 않았다.

1. 교양수업 개강일 날- 혼자 앉는 여성을 공략하기

처음 개강일부터 수업에 참여해 어떤 사람들이 듣는지를 살피는 것이 좋다. 많은 사람들이 있겠지만, 두루두루 살피며 전반적으로 어떤 여성들이 있는지를 파악하고 특히나 혼자 들으러 온 여성을 잘 파악해야 한다.

개강일이 시작되고 수업을 듣게 될 때 그녀 옆에 조용히 앉아서 바로 말 걸고 들이대지 말고, 일단은 조용히 분위기에 익숙해지게 한다. 그리고 그녀에게 이렇게 말하라.

"교재를 가지고 오지 않았는데 교재를 같이 볼 수 있을까요?"

그리고 그녀의 반응을 살피면서 조금씩 틈나는 대로 대화를 시도해 보라. 그러면 점점 친해지면서 연락처를 교환하고, 개인적으로 연락을 주고받으면서 친해지는 것이다.

또한 이런 경우도 있었다. 혼자 교양수업을 듣고 있는데 갑자기 퀸카가 내 옆 빈자리에 앉았다. 나는 순간 매우 황당하고 흥분했지만, 천천히 마인드를 세팅하고 어떻게 공략할 것인지를 궁리했다. 총 수업이 2시간이고 50분 후 10분 휴식이라는 구조에서 분명히 그녀의 친구 세 명은 뒤편에 앉아 있는 것이 느껴졌다. 50분 후 쉬는 시간이 되면 그녀는 친구들이 있는 뒷자리로 자리를 옮길 것이다.

이 주어진 50분 안에 그녀에게 말을 걸고 친해지고 연락처를 교환해야 하는데, 문제는 그녀의 친구 세 명이 뒤에서 나를 아주 예의주시하는 것이 느껴졌다는 것이다. 나는 그녀의 친구들이 전혀 눈치 채지 못하게 유혹을 해야 했는데, 그중 생각해 낸 것이 바로 직접 말을 걸면 티가 나기 때문에 노트에 적기로 했다. 다음은 노트에 필기한 내용을 옮겨 적은 것이다.

켄신: 왜케 늦게 오셨어요?
퀸카: 버스가 늦게 와서요.
켄신: 교재 같이 볼래요?
퀸카: 네.

다정하게 교재를 나누어 보다가

켄신: 근데 혹시 미대 다녀요?
퀸카: 아니요.
켄신: 그냥 미술 하는 여자 같아서ㅋㅋ
퀸카: ㅋㅋㅋㅋ 국문학과예요.
켄신: 와우~ 멋진데요? 저는 언어영역 만점 받고 공대 갔어요.

퀸카: (빵 터짐)ㅋㅋㅋㅋ (혼자 웃다가) 공대도 멋져요.

켄신: 그쵸? 그럼 국문학과랑 기계공학과랑 친하게 지낼래요?

퀸카: 네, 그래요.

켄신: 여기 연락처 적어 주세요. 친하게 지내고 싶어요.

그리곤 여성이 내 노트에 연락처를 적어 주었고, 얼마 지나지 않아 쉬는 시간이 되었다. 나는 간단히 그녀와 작별인사를 하고 그녀는 뒤에 있는 친구 세 명에게 갔는데, 그 친구들은 우리가 서로 대화를 전혀 나누지 않았기에 의심의 눈으로만 나를 보았다.

나중에 친해지고 난후 네 친구들이 그때 나를 의심의 눈으로 지켜보고 있었기 때문에 뭔가 이상한 느낌이 들어 노트에 적어서 대화를 시도한 것이라고 하니, 매우 잘했다고 했다. 그 이유는 자신에게 연락처를 물어보는 남자들이 많아 친구들이 늘 방어한다는 것인데, 그중에는 괜찮은 남자도 같이 방어해서 아쉽다는 이야기도 덧붙였다.

2. 동아리와 친목모임에 가입하라

물론 1학년이 아니라면 동아리에 가입하는 것이 쉽지는 않겠지만, 가끔씩 인맥으로 중간에 들어가는 경우도 간간히 있었던 것 같다. 동아리에 못 들어가거나 필요성을 못 느낀다면 학생회나 학교 안에 있는 각종 스터디나 모임에 가입하는 것이 좋다. 그곳에서 작업을 해서 예쁜 여자 하나 꼬셔야 한다는 부담을 가지지 말고, 정말 편안한 마음으로 동료들과 친해지고 어울려라. 특히 여자들을 많이 알고 있는 인맥이 넓은 사람을 공략해서 친해지면 된다.

하지만 중요한 것은 그 사람들이 당신에게 소개해 주지 않는다는 것이다. 그런 걸 바라는 것이 아니라, 그 마당발과 같이 밥을 먹거나 커피를 마시거나 이야기를 하는 도중 여성들이 그에게 인사를 하거나 안부를 물을 것이다. 그것 때문에 그 사람과 친하게 지내라는 것이다.

차려진 밥상만을 받길 기다린다면 아무것도 이루어지지 않는다는 것만 알아 두고, 그런 것을 바라지도 마라. 그 사람과 인사하는 여자들의 얼굴을 잘 기억해 두고 그녀들이 인사할 때 당신도 같이 웃으며 눈인사 정도 하면 좋다. 딱 여기만 하면 된 것이다.

이는 바로 어프로치를 하기 위한 명분을 만들기 때문이다. 만약 도서관을 갔을 때 그녀가 지나간다면, 가서 어프로치를 하면 된다.

남자: 어? 안녕하세요? 반가워요.

여자: 아, 네. 그런데 누구?

남자: 저번에 경훈이랑 이야기하는데 경훈이 후배인 거 같아서
~ 반가워서요.

여자: 아, 네~

남자: 그때 보니깐 귀여우시던데 너무 아쉬웠어요. 인사만 하
고 가셔서…….

여자: ^^

남자: 근데 도서관 자주 오시나 봐요? 3층은 인문학 층인데,
인문대 다니세요? 저도 사실 인문학 좋아해서 역사책을
많이 읽거든요.

이 정도까지 이야기하면, 여성들은 대부분 눈치가 빠르기
때문에 당신이 마음에 들면 반응이 좋을 것이고, 당신이 마
음에 안 들면 적당히 얘기하고 볼일을 보러 갈 것이다. 나는
이런 식으로 많은 여성들과 친목을 쌓았고 번호를 저장했고
유혹했으니 말이다.

7장

연상녀 공략법— 남자로 보이기

특히 20대 초중반일 경우, '왜 예쁜 여자들은 모두 누나들일까?'라는 생각을 안 해 본 남자는 없을 것이다. 그 이유는 여자의 나이가 20대 중후반에 가장 빛나기 때문인데, 이것은 이 나이 때가 가장 성숙하고 자신의 화장술에 최고 전성기에 이르렀기 때문이다.

만약 연상녀가 "나 너보다 나이 많아."라고 한다면, 이것은 거절의 의미보다는 '내가 나이가 더 많은데 감당할 수 있겠어?'라는 말과 같은 뜻이다. 또한 '나보다 나이가 어린데, 너는 남자 맞느냐? 맞다면 나에게 증명해 보여라.'라는 뜻도 함께 가지고 있다.

"나 연하 정말 싫어합니다."라고 분명하게 말하지 않고 "그쪽보다 나이 많아요."라고 하는 것은 거절이 아니라 당신을 테스트 하는 것이라고 보면 된다. 연하남들이 연상녀에게 가장 크게 매력을 보여 줄 수 있는 게 바로 미친 자신감밖에 없다.

"그쪽 완전 내 스타일인데 계속 보니 귀엽네요.", "지금까지 그 어떤 남자보다도 나보다 못할 걸요?"라고 말한다면 여자는 깜짝 놀라면서 당신에게 기회를 줄 것이다. 하지만 강한 자신감처럼 그에 맞는 행동도 따라와야 한다. 이는 건방지거나 상대방의 기분을 상하게 하는 것과는 별개이다.

여자들이 좋아하는 연하남이란 오빠로서 가지는 남자다움은 당연한 것이고 귀엽고 애교 많은 남자를 말하는 것이고, 나약하고 어리광을 부리는 것은 싫어한다. 그래서 그녀가 연하남을 싫어하거나 좋아하는 데에는 그 이유가 있는데 그것을 찾아내서 해결해 주어야 한다.

그녀가 연하남은 약하고 정신연령이 어리다고 생각하고 있는데, 정말 당신이 나약한 모습을 보인다면 환멸을 느끼고

떠날 것이다. 그러나 오빠들이 가지고 있는 자상하고 부드럽고 경제력까지 갖추었고 여기에 귀여움까지 추가시키면 훨씬 더 승률이 높을 것이다.

연상연하 커플에 대한 선입견으로는, 연애에 주체적인 기센 여성이거나 젊은 남자의 기운을 받고 싶거나, 특별히 모성애가 강해서일 거라고 생각하는 경향이 많다.

하지만 대부분의 여자는 우연히 인연이 되어 만난 그 남자가 연하남이었을 뿐 그 이상도 그 이하도 아니라는 것이다.

당신이 유혹하고 싶은 여자가 연상이라면, 과감하게 지르듯이 나가는 것이 좋다.
"나 너 마음에 든다. 지금 볼래?"
"술 한 잔 하자. 내가 맛있는 거 사 줄게!"
마치 오빠가 말하듯이 당당하게 말하라.

지금까지 계속되는 전쟁이 세 가지 있다. 종교, 영토 그리고 사랑이다. 수많은 수강생들이 나의 명언으로 꼽는 1위의 말은 "사랑은 전쟁이다."라는 말이다.

07

유혹심리학의
원리 법칙

1장

유혹의 기본자세와
의식수준

　이 세상에 단 한 번에 가장 최적화되고 가장 적합하게 맞아떨어지는 것이 있을까? 수험생은 한 번의 수능을 치르기 위해 무려 초등학교 6년, 중학교 3년, 고등학교 3년을 모두 바친다. 이 기간 동안 문제를 수천 번 풀어 보고 학원 강의와 과외를 수도 없이 받으며 정기적으로 수시로 모의고사를 통해 자신의 실력을 검증하고 확인한다. 그리고 나에게 부족한 부분이 정확히 무엇인지 진단하고 그것을 보완하기 위해 노력한다.

　취업을 준비하는 학생도 마찬가지이다. 그 기업이 원하는 인재가 되기 위해 무리하게 해외유학을 갔다 오는가 하면, 평생 한 번도 써먹거나 갈 일이 없을지도 모르는 국가의 언어를 열심히 공부한다. 그리고 자신이 가고자 하는 기업의 최적화된 인재가 되기 위해 수년을 준비하기도 한다.

그러나 연애에 있어서만큼은 '내 짝을 찾기 위한 노력'을 운명에 맡긴 채 살아가며, 연애의 기술을 알고 배우는 것을 매우 천박하고 유치하고 이상한 사람 취급을 한다. 대학 못 가도 된다. 그렇게 좋은 직장 안 가도 다 살 수 있다. 인생을 그런 것으로 다 채울지라도 사람 인생 끝까지 살아 보아야 한다. 오히려 대학과 취업보다 연애와 결혼이 더 중요하지만, 사람들은 그러한 사실은 망각한 나머지 아무런 대비도 준비도 하지 않은 채 이 여성이 나에게 맞는 여성인지 아닌지도 모르는 상태에서 대충 적당한 여자랑 만나서 결혼을 한다.

그러다 보니 좋은 학교, 좋은 직장으로 자신의 인생을 채웠다고 하더라도 아내와는 이것저것 안 맞아 가슴 태우며, 중년이 되어서야 진짜 내 사랑에 눈을 뜨게 되니 남는 것은 가슴의 한밖에 없을 것이다.

2장

진화심리학과
유혹의 본질

　유혹의 심리와 기초에 가장 필수 코스라고 할 수 있는 것
은 여성심리다. 이것은 어디서 출발하는 것일까? 그동안 인
간심리에만 한정되어 있어 여성의 알 수 없는 행동과 태도를
도저히 풀지 못했지만, 진화심리학이 나오면서 그동안 미스
터리로 여겨지고 뜬구름 잡는 이론이 풀리기 시작했다. 그
래서 지금부터 진화심리학과 진화생물학의 관점에서 남녀에
대해 설명해 보겠다.

　인류의 기나긴 역사 동안 수많은 전쟁이 있었지만, 지금
까지 계속되는 전쟁이 세 가지 있다. 종교, 영토 그리고 사
랑이다. 수많은 수강생들이 나의 명언으로 꼽는 1위의 말은

"사랑은 전쟁이다."라는 말이다. 사랑은 결코 행복한 것이 아니라, 하나의 군사작전이고 전투이다. 사랑은 전쟁이며 하나의 군사작전이라고 결론 내리는 이유는 무엇일까?

　그것은 어디까지나 사랑이 이루어지는 결말을 만들어 냈기 때문에 가능한 것이다. 사랑이라는 감정, 연애라는 감정을 느끼게 된다는 것은 사람을 아주 설레게는 하지만, 사실상 그것은 기대심과 설렘만을 줄 뿐이지 실제로 행복한 것은 아니다. 행복이라는 것은 사랑을 쟁취했을 때, 그녀를 가졌을 때 느끼는 것이지 결코 짝사랑이 행복하지는 않다. 전투도 사랑도 이겨야만 행복한 것이지, 진행 중이라면 매우 힘든 일일 것이다.

　이 전쟁과도 같은 사랑의 시작점은 무엇일까? 그것은 바로 남자가 예쁜 여성에게 이성적 매력을 느끼고 가지고 싶다는 본능 때문이다. 이러한 본능은 어디에서 연유할까? 물론 착한 마음씨에 감동을 받아서 사랑을 느낄 수도 있겠지만, 대부분의 남자들은 아마도 그녀의 외모와 몸매에 매력을 느낄 것이다. 남자는 근본적으로 아름다운 여자를 찾아다니게 되어 있다.

왜 남자는 아름다운 여자를 찾는 걸까? 혹시 여자의 몸매를 보면서 몸매가 참 탄탄하다고 느낀 적이 있는가? 남자들은 마른 여자보다 약간은 탄력적이고 탄탄한 골반과 허벅지, 볼륨감이 있는 가슴을 가진 여자를 좋아한다. 우리는 가슴이 크고 골반과 허벅지가 탄력적이고 풍만한 여성을 '예쁜 여자'라고 부른다. 왜 남자들은 이런 여자를 좋아할까? 일명 34-24-36의 몸매를 가진 여성이 유전자를 가장 우수하고 건강하게 착란받는다고 남자들의 유전자에 본능으로 기억되어 있기 때문이다.

남자는 원시시대 때부터 자신의 자손을 잘 양육해 줄 수 있는 이성을 찾았다. 우리 선조는 그런 여성이 성적 매력이 뛰어나고 출산에 적합하며 건강하다는 것을 경험으로 알게 되었고, 그런 여성을 찾는 데 익숙해졌다. 즉, 가슴이 풍만하고 엉덩이와 허벅지가 탄력적인 여성을 보면 매력을 느끼는 것은 그러한 여성이 성적 매력과 가치가 있다는 것을 경험한 우리 선조들의 유전자가 기억을 머금고 지금 남자들의 몸에 전해졌기 때문이다.

여자들 또한 수천 년 동안 본능적으로 자신을 지켜 주고 우수한 유전자를 받는 것이 종족 번식에 유리하다는 사실을 알게 되었다. 그래서 강력한 힘이나 권력을 가진 남자에게 많은 호감을 느끼게 되었다. 여자는 사회적 증명에 의해 좋은 위치에 있는 남자인지 알아보는 데 많은 감각이 발달되어 있다.

그런데 자신에게 우수한 유전자를 전해 줄 남자를 어떻게 찾을까?

사회적 증명으로 높은 위치에 있는 남자를 좋아하지만, 그 것이 안 될 때는 1차적으로 눈에 보이는 사회적 증명으로 높은 위치에 올라갈 가능성이나 잠재력이 있는 남자를 판단한다. 이때 그런 기준을 자신감과 행동, 모든 것에 당당하다는 것으로 삼게 된다. 왜냐하면 사회적으로 지위가 높은 남자들은 대부분 당당하고 자신감이 넘쳤기 때문이다.

3장

가치 있고
매력적인 남자

우리는 여자들에게 식사를 대접하고 선물을 사 주고 예의 바르고 매너 있게 행동하며 조심스러운 남자가 되어야 한다고 말한다. 하지만 이런 충고가 형편없는 결과를 초래하는 것은 어째서일까.

먼저 '나쁜 남자'라는 표현을 수정했으면 좋겠다. 나쁜 남자라고 하면 대부분의 사람들이 난봉꾼이나 바람둥이를 생각하는데, 여성들이 말하는 나쁜 남자의 정확한 뜻은 이성적으로 가치 있고 남자로서 매력적으로 여성과의 관계에서 주체적으로 리드할 수 있는 남자를 말한다.

지금까지 수많은 경험으로 여성이 흥미를 느끼고 끌리는 연애의 기술을 연구했는데, 사실 그 결과는 매우 놀랍고도 충격적인 것이었다. 우리 남자들이 이해할 수 없는 행동과 사고방식을 가진 남자들이 이성에게 더 많은 호감과 매력을 가지고 있다는 사실을 인정할 수밖에 없었고, 나 역시 초보 시절 나의 고집과 편견을 모두 부셔 버리고 그 최적화된 모습을 갖추는 데 상당한 기간이 걸렸다.

또한 그것을 수강생들에게 알려 주었을 때 전혀 인정하거나 받아들이지 않으려고 한 사람도 있었다. 그리고 이론 강의를 끝내고 실전강의를 나갔을 때, 비로소 왜 내가 이런 말을 했는지 뼈저리게 느꼈다면서 나의 말을 잘 듣지 않은 것에 깊은 후회를 하곤 했다.

여성을 유혹하기 전에 먼저 인정해야 할 사실은 여성이 생각하는 남자의 기준과 남자가 생각하는 그 남자의 기본이 다르다는 것이다. 그리고 지금부터 내가 충격적인 말을 할 까 한다.

우리가 여성에 대해 착각하고 잘 알지 못하게 된 것은 우리 어머니와 누나, 여동생, 혹은 여자 동료의 영향 때문도 있다. 그들을 비난하고 싶은 게 아니라 그들의 영향으로 인해 우리 남자들이 잘못된 여성관을 가지게 되었다는 것일 수도 있다는 것이다. 물론 그들은 의도하거나 인위적으로 그렇게 한 것은 절대 아니지만, 당신은 그들이 말하는 이상형과 현실적 여자에 대한 혼선을 빚고 있기 때문이다.

우리 남자들에게 가장 크게 인식되어 온 것이 바로 "너는 결혼하면 절대 여자 속 썩이지 말고, 거짓말이나 이상한 짓 하지 말고, 여성의 의견을 존중하고, 절대 여자 울리지 말고, 진심을 다해 잘해 주어라." 하는 말이다.

이 교육을 받은 소년이 성장하여 이제껏 들어 온 그 말을 그대로 다 했는데, 왜 돌아오는 것은 "오빠가 좋은 사람인 것은 알겠는데 매력을 못 느끼겠어요.", "남자로 안 보여요. 친구로 지내요."라는 답변뿐일까? 게다가 섹스와 연애는 다른 남자랑 한다.

왜 남자들은 여자들의 무례한 행동을 참고 무조건적인 친절을 베풀어야 하며, 일방적인 투자를 당연시 여기고 여성에게 호의를 베풀어야 할까? 그 방법 말고 다른 좋은 방법은 없는 것일까?

혹시 이런 생각을 해 본 적이 있는가? 우리 학교 옆 여고 퀸카는 왜 공부 1등 모범생이랑 사귀지 않고 싸움 1등 일진 짱이랑 사귈까 하는 생각 말이다.

앞으로 당신은 두 개의 인격을 갖추었으면 한다. 사회생활에 필요한 당신의 원래 모습과 여성을 대할 때의 모습, 이 두 가지는 따로 분리해야 한다는 것이다. 이는 내가 〈연애의 기술〉과 〈작업의 정석〉에서도 누누이 강조했던 것이다.

'칼리브레이션 맞춤형 유혹'이 가장 최선이다. 사실 나는 지인들에게 내가 연애컨설팅학원을 운영했다거나 유혹의 기술자라고 소개하지 않아 그들은 이러한 사실을 알지 못하는데, 평소 알고 지내는 일반인들로부터 이런 말을 종종 듣는다.

"너는 왜 여성한테는 못되게 굴거나 나쁘게 또는 이해할 수 없는 언행을 하고 우리들(남자들)한테는 관대하게 대하냐?"

그 말에 "나는 유혹의 전문 기술자라서."라고 말할 수는 없으므로 그럴 때마다 "내가 그런가?" 하고 웃어넘긴다. 내가 왜 이렇게 분리 대응하는 것일까? 그 여성들은 그렇게 상대해야만 내가 유혹할 수 있거나 나의 프레임을 위로 올릴 수 있고 남자로 보기 때문이다. 나 역시 그들처럼 그 예쁜 여성이 마음에 들어 "정말 반했어요. 뭐 좋아하세요? 다 사 드릴게요. 언제 시간되세요?"라는 말과 태도로 굽실거리며 구애부터 했다면, 대부분의 남자들처럼 차이거나 물질적 낭비를 했을 것이다.

나의 기준에 부합할 때는 잘해 주었다가 그렇지 않을 때는 무시하고, 나의 마음에 드는 행동을 했을 때 호감을 표시했다가 나의 기준에 어긋나는 행동을 했을 때는 즉시 화내는 등 같은 남자가 옆에서 보았을 때 이해할 수 없는 행동을 계속했을 때, 그녀는 나에게 더 매력을 느꼈다. 내가 이러한 기술을 터득하기까지는 오랜 시간이 걸렸다.

하나의 예를 들어 보자. 우리는 주변에서 공부도 잘하고 예쁘고 좋은 직장을 다니는 엄친딸이 결혼을 했는데, 그 남자는 나쁜 남자였다는 얘기를 들어 본 적이 있을 것이다. 그 여자에게 왜 그런 남자를 좋아하게 되었냐고 물었는데, 그녀의 대답은 아주 놀라웠다. 자신에게 굽실거리고 모든 걸 다 해 줄 것 같은 뻔하거나 재미없는 남자들은 너무나도 많았는데, 그들과 달리 이 남자는 예측 할 수 없고 나에게 오히려 매우 당당했으며 무엇을 하건 여성에게 선택권을 주지 않고 자신이 주도적(그녀가 좋아할 만한 것)으로 이끌고, 순응에 응하거나 무례할 때에는 그에 맞게 확실한 상과 벌을 주었다는 것이다.

이것은 내가 여성들과 데이트를 할 때 하는 행동과 동일하며, 수강생들에게 가르치는 이론이다. 거기서 그 여성은 일반 남자들과는 다른 모습에 더 호감이 생겼다고 한다. 여기서 알아야 할 것은 "여자들은 바보다."라는 게 아니라 여성이 남성을 보는 기준이 남자들과는 "이렇게 다르다!"는 것이다.

4장

사회적 지위와 관계에 대한
여성의 시각

또 하나 알아 두어야 할 것이 있다. 바로 여성들은 사회성
이 떨어지는 남자들을 아주 싫어한다는 것이다. 사회적 모
임이나 조직 내에서 남들과 어울리지 못하는 남자들은 여성
들이 보았을 때 어딘지 모르게 결점이 있을 것이라는 의심을
불러일으킨다.

자신이 혼자 고독한 모습, 차별화된 모습을 보이고 싶어
서 혼자 걸어 다니거나 무리에 어울리지 않으면서 여성들에
게 특별한 남성미를 보일 수 있는 방법은 딱 한 가지 이유밖
에 없다. 그 무리에서 다루는 분야에 최상위 실력자 또는 권
위자의 위치에 있을 때만 외로운 태양처럼 보인다는 것이다.

그러므로 평범한 위치에 있는 남자들은 무리 내에서 아주 좋은 사교성을 보여 주는 편이 훨씬 좋다. 여자들은 자신들끼리 있을 때 서로 남자들을 평가한다. 남들과 다르거나 부족하거나 4차원적인 모습을 보인다면, 여성들은 그 남자를 험담하고 결국에는 그 남자에게 '자격미달'이라는 주홍글씨를 새길 것이다.

여자는 사회적 위치와 사교성으로 그 남자의 인격과 성품을 평가한다. 많은 사람들과 잘 어울리는 좋은 남자로 보인다면, 자연스럽게 그녀에게 접근한다고 해도 그녀는 경계심을 보이지 않을 것이다.

그런 이유에서 콜드 어프로치(Cold-Approach)보다는 사회성과 사교성이 동반되는 지인이나 친구 소개로 만나서 같이 어울리다가 사귀게 되는 경우가 훨씬 쉽고, 여성들은 그것을 정당하고 합법적이라고 생각하기 때문이다. 특히나 10점 만점에 8점 이상 되는 일명 '퀸카'일수록 친구 소개로 만나 어울리고 놀다가 사귀게 되는 것이 헌팅이나 클럽에서 만나 친목을 쌓고 사귀는 노력에 비해 100배는 쉽다고 보면 된다.

1:1 작업이나 유혹을 선호하는 남자들 입장에서는 정말 반

갑지 않는 일이겠지만, 여성들은 무리들 속에서 자연스럽게 친해져서 서로 가까워지는 것을 선호한다는 사실을 알아 두길 바란다. 또한 여자가 친구들끼리 같이 보자는 것은 1:1로 보자는 것에 비해 호감도가 덜한 것일 수도 있고, 당신을 시험하기 위한 것일 수도 있다는 점을 알아 두길 바란다.

　그러나 이건 어디까지나 여성들의 습성이 그렇다는 것이지, 유혹을 하는 단계에서는 1:1로 만나는 것이 가장 좋다. 친해지는 단계에서는 친구와 같이 어울리는 것이 좋을지 모르나 그녀를 마지막 유혹 단계로 이끌기 위해는 반드시 1:1로 유혹해야 하고, 그 구체적인 방법은 〈작업의 정석〉에서 다루었다.

5장

유혹심리학의
올바른 이해

그러나 앞에서 설명한 진화심리학이 무색해질 정도로, 오늘날 사회에서는 돈 많고 외제차를 타는데도 여자와 섹스를 못하는 잘생긴 남자들이 많다. 심지어 모태솔로나 연애초보 같은 남자들이 태반이다.

이런 점에서 원시시대의 남녀 속성만을 이야기한다면 또다시 오류에 빠질 수 있다. 기본적으로 그런 본능이 있지만, 현대사회에서는 법치국가와 자유경쟁, 남녀평등의 관점을 뺄 수 없다는 것이다. 즉, 원시시대보다 여성이 남자를 선택하는 기준이 더 까다로워졌고 남자는 그만큼 더 힘들어졌다는 것이다.

불과 20년 전만 해도 남자는 좋은 직장과 성실함만 갖추고 있으면 최고의 남자였다. 그러나 여성이 경제활동을 하면서 "나도 성실하게 직장 다니는데 그게 무엇이 특별하지?"라는 논리가 생겨 예전에 비해 요구사항이 더 많이 생긴 것이다.

특히나 잘생긴 남자와 꽃미남이 과거에도 물론 여성들에게 인기가 있었지만 지금처럼 유혹과 연애에 확고한 매력의 한 축으로 될 만큼 큰 비중을 자리 잡게 된 바탕에는 경제 성장과 선진화된 문화와 예술의 영향이 매우 크다. 즉, 고대와는 현대와는 지금 상황이 너무 판이하게 다르다는 것이다.

그래서 현재에는 현재의 상황에 맞는 진화심리학이 필요한 것이다. 얼굴만 잘생기거나 돈만 많이 있다거나 성격만 좋다거나 진심만 있다거나 하는 것은 '자격미달'이고 이 모든 것을 종합적으로 갖추어야 할 것이다.

6장

성격만 본다는
여자의 진짜 심리

나는 미디어와 인터넷에서 어처구니없는 남녀에 대한 잘
못된 상식을 보게 되었는데, 예전에 한참 유행했던 남녀 소
개팅 전 하는 질문이었다.

여자

10대 – 잘생겼어?

20대 – 어느 학교 다녀?

30대 – 연봉은 어떻게 된대?

40대 – 성격은 좋아?

남자

10대- 예뻐?

20대- 예뻐?

30대- 예뻐?

40대- 예뻐?

전 국민의 웃음 속에서 이것은 하나의 정석이 되었다. 그리고 여자는 고차원적인 고등동물이고 남자는 단순한 존재라는 식으로도 인식되었다. 내가 이것이 과연 진실인가에 대해 진화생물학에 근거해 설명해 보겠다.

앞에서도 언급했듯이 남자는 자신의 인생과 생존에 있어서 여성에게 의지하거나 의무를 전가하지 않는다. 그래서 남성은 여자를 볼 때, 자신의 이성적 즐거움과 마음에 들게끔 예쁘게만 생기면 되는 것이다.

그러나 여성은 자신의 상당부분 생존과 생활을 남자에게 의지해야 하고, 남자의 의해 인생이 좌우될 확률이 높다. 임신을 하고 남자가 돌보지 않는다거나 생존에 필요한 활동을 하지 않거나 더 이상 할 수 없는 상황은 여성에게 있어 매우 심각한 위기이기 때문이다. 그래서 여성은 남성을 선택할 때 좋은 이성 친구이자 좋은 생존 파트너이자 좋은 보호자를 고른다. 즉, 여성이 남성에 비해 이성에게 필요로 하는 요건이 훨씬 더 많다는 것이다.

여성들이 말하는 "10대- 남자는 잘생겼어, 20대- 어느 학교 다녀, 30대- 연봉은 어떻게 된대, 40대- 성격은 좋아."의 진실은 30대가 되어서 외모와 학교를 안 본다는 게 아니라 "외모→학력→연봉→성격 순으로 다 갖추었겠지?"라는 말이다. 다시 말해 "어느 정도의 비주얼이나 학력은 당연한 것이고 그러면 연봉은 얼마나 돼?"라는 말이다.

이 말인즉, 사회적 경험이 많을수록 나이를 많이 먹을수록 수준이 높아진다는 것이다. 왜냐하면 그만큼 생존에 필요한 것들이 많다는 것을 알게 되었기 때문이다.

나는 수없이 많은 여성에게 접근하고 데이트를 했지만, 약속시간에 조금 일찍 혹은 조금 늦게 오는 것은 중요치 않았다. 내가 얼마나 멋지게 입고 나가느냐가 여성의 마음을 더 기쁘게 했고 더 좋은 반응을 이끌어 낼 수 있었다.

08

매력적인
패션과 스타일

1장

여자들이
남자를 보는 기준

남자의 스타일이 중요하냐고 물어본다면, 나는 단연코 기본이자 전부도 될 수 있다고 말해 주고 싶다. 그럼 이제 지금까지 얘기하지 않았던 비밀을 하나 알려 주겠다. 유혹의 기술자인 나 역시 여성을 유혹하거나 여자 친구를 만나러 나가기 전에 보통 얼마나 꾸미고 나가는 줄 아는가? 1~2시간이다.

오히려 내가 데이트시간에 늦을지언정 어설프게 꾸미고 먼저 나와서 기다리는 짓은 하지 않는다. 차라리 조금 늦을지언정 나를 보는 순간 "아, 이 오빠 멋지다. 괜찮은데?"라고 보이게 하는 것이 좋지, 딱 봐도 그거 그렇게 보이는 스타일을 하고 30분 먼저 와서 기다려 봤자 당신을 매너 있는 남자라고 생각하지 않을 수도 있다는 것이다.

차라리 정말 멋지게 입고 늦게 도착한다고 한들 웃으면서 "(숨이 차는 듯한 약간의 연기를 하며)정말 미안해. 차가 너무 막혀서."라고 한다면 다 용서되기 때문이다. "아니에요. 괜찮아요."라고 말하는 여자의 눈빛이 달라지는 경우도 많았기 때문이다.

나는 수없이 많은 여성에게 접근하고 데이트를 했지만, 약속시간에 조금 일찍 혹은 조금 늦게 오는 것은 중요치 않았다. 내가 얼마나 멋지게 입고 나가느냐가 여성의 마음을 더 기쁘게 했고 더 좋은 반응을 이끌어 낼 수 있었다. 그만큼 스타일은 여성에게 있어서 남자를 판단하는 매우 큰 척도라는 것이다.

여성은 고급스럽고 세련된 명품이나 반짝이고 빛나는 보석에 매우 잘 매혹된다는 것을 알 것이다. 여성은 눈에 보이는 멋지고 예쁜 것을 좋아한다는 것이다. 그런데 남자만은 외모나 스타일을 보지 않고 성격 좋고 나를 위해 주는 마음만 본다? 이건 모순이다. 우리 남자들이 그동안 여자를 너무 몰라 착각했던 것이다.

가장 쉽고 빠르게 이성적 매력을 어필할 수 있는 것이 단 1초 안에 보이는 스타일이다. 나는 늘 여성은 남자에게 최초 마주한 단 한 번의 기회만 준다고 했는데, 그 단 한 번에 보이는 모든 것이 일단은 스타일 즉 비주얼이기 때문이다.

섹스어필의
패션과 스타일

먼저 실질적인 에디터나 전문가가 아니기 때문에 특정 단어나 브랜드를 언급하지는 않겠다. 단지 나의 노하우를 알려주도록 하겠다. 스타일을 정하고 옷을 고르고 구매할 때는 신중을 기해야 한다. 가장 우선적으로 어디를 가든 디스플레이 되어 있는 옷을 먼저 유심히 보길 바란다. 그것이 그 매장에서 가장 좋은 옷이기 때문이다. 가장 쉽고 누구도 할 수 있는 방법이 바로 디스플레이 된 옷 전체를 입어 보고 구매하는 것이다.

물론 옷도 많이 사 보고 입어 보아야 시행착오와 과소비를 줄일 수 있지만, 그것은 반드시 거쳐야 하는 단계이나 최소화하는 방법은 디스플레이를 보고 그대로 입어 본 후 마음에 들면 따라 하는 것이다. 물론 백화점이나 잡지에서 보고 구매해도 상관은 없다. 여성들에게 가장 어필할 수 있는 것이 고급스럽고 세련된 옷은 대부분 고가이다. 그러나 저렴하면서도 좋은 옷들도 많이 있기에 패션에 관심을 가지고 안목을 넓혀야 한다.

그리고 옷을 고를 때는 반드시 외출용과 데이트용을 구별해서 구매해야 한다. 보통 옷을 구매할 때 직장이나 학교에서도 입고 다니고 여자를 만날 때도 입을 수 있는 전천후 옷을 많이들 생각하고 구매하는데, 여자들 중에는 그렇게 옷을 구매하는 사람은 없다. 즉, 클럽에서 본 그 섹시한 여자가 학교에서 보면 청바지에 안경을 쓰고 다닐 수도 있을 것이다. 왜냐하면 학교에 섹시한 검정원피스를 입지도 않을 것이고, 클럽에서 청바지에 안경을 쓰고 가지도 않기 때문이다. 따라서 옷을 살 때는 외출용과 데이트용 두 가지로 구분하고 옷을 사야 한다.

일상생활용은 내가 편한 걸로 입고, 데이트용은 불편해도 여성들이 보았을 때 멋진 옷을 입어야 한다는 것이다.

그럼 데이트용에 맞추어 옷을 구해하는 방법을 알아보자. 여성을 만나기 위해 입을 옷을 선택할 때 화려한 것을 많이 들 선택하려고 하는데, 내가 늘 하는 말은 " 고급스럽고 세련된 것!" 이것이 여성이 가장 선호하는 것이다.

그리고 옷가게에서 옷을 선택할 때에는 단단히 큰마음을 먹고 쇼핑을 하기 바란다. 우리 남자들 중에는 마음이 여리고 착한 분들이 많아 여자들이나 나처럼 2~3시간씩 쇼핑하며 10벌, 20벌 입어 보고 직원에게 "이런 옷들밖에 없어요? 다음에 올게요."라고 할 용기가 없을 수 있다.

그러나 독하게 마음을 먹고 여자들이나 나처럼 백화점 10바퀴 돌고도 마음에 드는 옷이 없다면 오히려 직원들에게 "다 마음에 안 들어요. 더 좋은 옷 없어요?"라고 말할 수 있는 배짱이 있어야 한다. 이는 경제적으로 손해를 보지 않고 한 벌을 사도 가장 멋지고 좋은 옷을 살 수 있는 방법이다.

절대 미안함에 옷을 구매하지 마시길. 그것은 아주 안 좋은 습관이다. 특히나 나는 분명히 고급스럽고 세련된 옷을 선택하라고 했는데 대부분의 그런 옷들은 고가이기 때문이다.

내가 거울을 보고 "와우! 나 정말 멋있어. 이 정도면 친구들도 몰라 볼 것이야."라고 할 정도로 자신에게 잘 맞는 최적화된 스타일을 찾고 구매해야 한다. 그 정도 입었을 때 여성의 입장에서 "이 오빠 그럭저럭 깔끔하게 입고 다니네. 나쁘지는 않네."가 되는 것이다.

이 사진은 '내 남자친구가 했으면' 하고 뽑은 1위로, 여성들이 가장 선호하는 헤어와 패션이다. 여성들이 가장 선호하

는 옷은 세미정장과 댄디룩이다.

자, 그럼 이제 계절별로 옷의 포인트를 한번 짚어 보자. 봄·가을은 재킷 겨울은 코트가 중심이다. "자신에게 가장 잘 어울리는 재킷이 필요하겠지만 나는 절대 손해 보기도, 시행착오도 겪기 싫은데 어떻게 하죠?"라고 한다면 바로 수제 매장으로 가서 옷을 맞추기 바란다. 자신에게 완벽한 비율과 신체구조에 맞게 제작해 줄 것이다.

그러나 그것이 별로라고 생각된다면 일단 백화점으로 가시길 바란다. 일단은 모든 매장의 옷을 최소 3번 정도는 스크랩을 한다. 그리고 내가 저 옷을 입을 때 어떤 느낌일지 상상하라. 그리고 매장마다 조금씩이라도 마음에 드는 옷은 다 입어 보고 가격을 물어보라. 당신은 그런 것에 익숙해져야 한다. 그러면 반드시 가격도 저렴하고 가장 마음에 드는 옷이 하나는 생길 것이다. 물론 마음에 드는 옷이 없다면, 사지 않고 그냥 오면 된다.

특히 겨울 패션은 코드가 거의 전부라고 할 수 있을 정도로 스타일의 큰 비중을 차지한다. 코트만 고급스럽고 세련된 고가브랜드를 구입하고 셔츠와 니트, 팬츠, 구두는 중저가를 구매해도 당신은 고급스러워 보일 정도로 코드의 위력은 대단한 것이다.

여름패션은 따로 분리를 해야 한다. 일단 여름이 다가오기 최소 2개월 전부터는 다이어트나 운동을 할 필요가 있다. 왜냐하면 여름옷은 얇아 아무리 잘 입어도 몸매를 숨길 수 없기 때문이다.

당신이 아무리 두껍고 긴 옷을 입은 여자라도 몸매를 스캔하고 파악하듯이 여자도 남자의 몸매를 비중 있게 본다. 몸짱은 아니더라도 최소한 배가 나온다거나 비만은 안 되기 때문이다.

3장

헤어스타일과
탈모방지법

    남자의 이미지는 무엇으로 결정되는가? 잘생겼다, 멋있다는 말은 어디서 나오는가? 남자는 80%가 헤어스타일에서 나온다. 그래서 내가 외출준비를 할 때 가장 공들이는 부분도 헤어스타일이다. 머리카락과 헤어의 중요성은 정말 아무리 강조해도 지나치지 않을 정도인데, 앞에서 말한 것들을 모두 무시해도 될 정도로 남자에게 헤어스타일은 가장 중요하다. "에이, 설마요. 너무 반전을 주려고 그러시는 거 아닌가요?"라고 할 수 있겠지만, 그것은 당신이 아직 헤어미용의 세계에 눈뜨지 못해서 그런 것이다.

물론 여자들이 투자하고 공들이는 비용과 노력에 비하면 나의 헤어미용은 간단한 수준이다. 그렇기 때문에 나는 더 권하고 싶다. "여자들에 비해서 간단한데 왜 안 하시나요? 꽃미남 얼굴도 아니면서요?"라고 반문하고 싶다.

외출준비를 1시간 동안 한다고 했을 때, 30분 이상을 헤어스타일에 할애한다. 진짜 가치와 퀄리티는 헤어에서 나오는 것이다. 미용실이든 어디든 자신에게 가장 잘 맞는 헤어스타일을 찾은 후, 그 머리를 혼자서도 할 수 있게 숙달시켜야 한다.

그리고 대부분 지나치는 것이 있는데, 바로 정성스럽게 만든 헤어스타일이 망가지는 것이다. 바람이 불고 비나 눈이 오는 날에 헤어스타일이 망가지지 않게 하기 위해서 강력한 스프레이로 단단하게 고정시키는 것이 중요한데, 이것이 왜 중요하냐 하면 여자들이 비호감이나 거부반응을 보이는 남자 행동 중에 하나가 계속 헤어스타일에 신경 쓰는 행위, 얼굴을 옆으로 까닥까닥하면서 머리카락을 넘기는 행위이기 때문이다. 그래서 가장 멋진 헤어스타일을 왁스로 잡은 후 강력한 스프레이로 단단하게 고정하는 작업을 잊지 말아야 한다.

그리고 헤어스타일에 큰 비중을 차지하는 탈모관리이다. 이 부분은 저자 개인의 경험과 생각이며 정확한 탈모는 전문의와 상담하길 바란다. 필자 또한 탈모로 수년간 고생을 해보았기에 누구보다도 그것에 드는 비용과 시간과 스트레스와 슬픔을 잘 알고 있다. 그러나 내 주위에 탈모가 시작되고 몇 년 후 머리를 풍성하게 유지하는 사람은 나밖에 없다.

그 이유는 여러 가지가 있겠으나 가장 큰 이유는 방치하거나 운명으로 여긴다는 것이다. "에이, 남자가 뭐 그렇게 미용에 신경을 많이 쓰냐."는 말과 함께 나를 아직 덜 성숙한 아이 취급하는 지인도 있었다. 그러나 지금은 여러 여자를 만나는 것 다음으로 부러워하는 것이 나의 머리카락이다. 그럼 지금부터 가장 쉽기에 지속적으로 할 수 있고 저렴한 방법을 알아보자.

얼마 전에 나는 인터넷 검색을 하다가 우연히 탈모커뮤니티의 회장이라는 분이 쓴 다소 극단적이고 자극적인 글을 보게 되었다. 내용의 핵심은 자신이 수년 동안 탈모연구를 했지만, 결론은 하나였다는 내용이었다. 수없이 넘쳐나는 방법들은 모두 주체가 될 수 없는 보조적인 방법이라는 것이다.

결론은 매일 "프로페시아를 먹고, 미녹시딜 뿌려라."였다. 탈모가 불치병이고 거의 한평생 탈모 방지, 모발유지 및 득모 효과에 드는 비용을 생각했을 때 이것이 가장 효과적이면서 경제적으로 가장 저렴하기 때문이다. 물론 이것은 수년 동안 연구한 그분의 결론이자 나의 결론이었다. 여기에 하나만 더 추가한다면, 샴푸는 두피 지루성, 피부염 샴푸를 한 번씩 써야 한다는 것이다. 왜냐하면 대부분 탈모환자는 두피가 가렵거나 청결하지 않기 때문이다.

그리고 그분과 내가 한 가지 더 공통적으로 내린 결론이 있었다. M자 탈모는 어떻게 해결할 것인가에 대한 것이다. "M자 탈모는 하느님이 내려와도 막을 수 없다."라는 말이 있을 정도로 아무도 막지 못한다. 프로페시아와 미녹시딜은 원형탈모와 전체적인 탈모에 효과가 있는 것이다.

그럼 M자 탈모는 어떻게 해야 할까? 바로 모발이식만이 M자 탈모를 해결할 수 있다. 지속적으로 프로페시아를 먹고 미녹시딜을 바르고, 한 번씩 두피 지루성 피부염 샴푸를 쓰며, M자 탈모는 모발이식으로 해결한다면 수많은 검증되지 않은 방법으로 고민하고 손해 보는 시간을 단축할 수 있을 것이다.

4장

피부 관리와
물광 피부 만들기

　나를 좋게 보는 여성이 나에게 플러스 점수를 준 것 중의
하나가 바로 맑고 투명한 피부이다. 그리고 샤이니처럼 빛나
는 피부이다. 여성은 남자의 피부가 더러우면 당신을 더러운
이미지로 여길 것이다. 당신의 피부가 깨끗하고 건강하면 당
신을 깨끗하고 건강한 남자라고 생각한다. 즉, 피부는 그만
큼 남자의 명함과도 같은 것이다.

　피부 관리는 나무를 키우는 것과 같다. 지금부터 최소 2년
은 계획하고 집중적으로 관리를 해야 한다. 피부가 안 좋아
지면 다시 되살리기 위해서는 상상을 초월하는 금액을 지불

해야 할 것이다. 특히나 원래 피부가 좋은 사람이라도 일단 피부가 안 좋아지면 원래 안 좋았던 사람과는 다를 바 없는 대가를 치러야 한다.

혹시나 당신이 지금 생각하는 것이 대충 백화점에서 파는 스킨로션세트로 10만 원 정도를 생각하는가? 지금부터 스킨 하나 10만 원 하는 걸 써도 부족할 것이다. 그럼 남자들은 믿을 수 없다는 듯이 놀라서 나를 의심하겠지만, 여자들은 한 달 평균 화장품과 피부 관리에 최소 20~30만 원을 쓴다. 물론 더 쓰는 여자도 많다.

그래서 당신이 지금부터라도 10만 원 정도는 피부 관리에 투자해야 한다. 내가 30대 나이에 20대 초반의 여성도 만날 수 있는 것은 일단 비주얼이 아저씨가 아니기 때문이다. 아무리 유혹의 기술자이고 화술의 달인이라도 비주얼이 아저씨라면 어린 여성을 만나기란 힘들 것이다. 남자의 노안과 동안 그리고 이미지는 피부가 좌우한다.

나에게 맞는 화장품 선택법

수많은 화장품이 있지만, 사실상 처음 화장품에 눈을 뜨게 되면 여러 제품을 써 보면서 나에게 가장 적합한 제품을 찾는 일련의 관정을 거쳐야 한다. 여성들은 최고가이든 최저가이든 거의 모든 제품을 한 번씩은 다 써 본다. 왜냐하면 자신에게 가장 잘 맞는 제품을 선택하기 위함인데, 이런 일련의 과정과 시행착오는 누구나 거쳐야 한다는 것이다. 하지만 나에게 맞는 제품과 맞지 않는 제품은 어떻게 알까?

첫 번째, 번들거림과 개기름이 생긴다. 소문이나 지인의 소개로 알게 된 좋은 화장품을 발랐는데 이상하게 그전에 사용했던 화장품과 달리 얼굴에 유독 번들거림과 과도한 기름기로 간지러움이 유발된다면, 당신과 안 맞을 가능성이 높다. 그다음에는 양을 줄여서 사용해 보고 피부가 편안하고 촉촉한 느낌이 아닌 번들거림으로 인한 간지러움이 지속적으로 발생한다면, 제품 사용을 중단하고 다른 것을 사용해야할 것이다.

두 번째 뾰루지와 여드름이 생긴다. 화장품을 바르고 난 후 일정 시간 뒤에 얼굴에 무엇인가 난다면 내 피부와 안 맞는다는 것이다. 하지만 사실상 한 번 쓰고 그렇게 판단할 수는 없으니, 세 번 정도 써 보고 계속 반복적인 현상이 발생한다면 즉시 다른 제품으로 교체해야 한다.

피부에 이상이 생기면 가만히 놔두어서는 안 된다. 당신의 피부는 당신의 명함과도 같다. 가장 가까운 피부과를 알아두고, 피부에 조금이라도 이상이 생기면 자연 상태 그대로 방치하지 말고 피부과를 방문하기 바란다.

물론 시간이 지나면 없어지는 것도 있지만, 이제 당신은 피부과 출입에 익숙해지고 습관화해야 한다는 것이다. 가서 피부과가 어떻게 생겼는지 보고, 전문의가 어떤 진단과 처방을 하는지도 보고, 또 요즘 피부시술에는 어떤 것이 있는지도 보길 바란다.

물광 피부 만들기

자, 이제 화장품을 잘 선택해서 관리하고 팩이나 영양제도 올바르게 사용하여 피부를 건강하게 만들었다면, 이제는 데이트용으로 여성에게 어필하기 위한 피부상태를 만들어야 한다. 먼저 물광 피부를 만들기 위해서는 토대는 건강하고 좋은 피부가 되어 있어야 한다는 것을 알아야 할 것이다.

즉, 토양이 좋아야 사과를 심든 배추를 심든 좋은 수확물을 거둘 수 있듯이 말이다

방법은 간단하다. 수분크림이나 수분로션 그리고 비비크림을 준비한다. 손바닥에 수분로션을 적당량 덜고 점 하나정도의 비비크림을 아주 극소량 섞으면 된다. 그리고 자연스럽게 전체적으로 얼굴에 펴 바르는 것이다.

자, 그렇다면 왜 여자들이 속아 넘어갈 수 있는 그 좋은 비비크림을 활용하는 데 실패하거나 오히려 비호감이 되는지 설명하겠다.

20년 혹은 30년 동안 화장품도 제대로 안 바른 남자에게 비비크림이 잘 먹을 턱이 없다. 그러니 조금씩 적응을 시켜야 한다. 백인이 되라는 것이 아니라, 아주 극소량을 바르고 비록 티가 안날지라도 바르라는 것이다. 피부를 적응시키고 자신의 피부톤과 맞는 것을 선택해서 최소한 자신의 상처나 흠을 비비크림으로 메워야 한다.

나는 비비크림 경력 6년째이다. 비비크림을 어느 정도 바르면 내 얼굴 용량에 딱 맞으며 전문가인 여자가 보아도 내

피부처럼 보이는지 알고 있다. 또한 어떤 제품이 나랑 잘 맞는지도 알고, 무엇보다도 피부가 아주 잘 먹는다. 그리고 여자들은 이렇게 이야기한다. "오빠, 피부가 너무 좋아요!"

하지만 비비크림을 바르고 난 후, 그다음이 중요하다. 바로 눈, 코, 입, 턱선에 대한 점검이다. 비비크림을 얼굴 전체에 얇게 바르고 난 후, 거울 가까이 다가가 눈을 감고 눈꺼풀과 눈라인, 눈 주변을 꼼꼼하게 바르고 얼굴 주변과 눈 주위의 색깔이 일치하는지 살펴야 한다. 그리고 코 주변과 콧등도 손가락으로 꼼꼼히 빈틈없이 발라야 하고, 얼굴 주변색과 일치하는지 확인해야 한다.

그리고 가장 중요한 것은 남들이 보았을 때 오히려 비호감이 되는 입 주변이다. 입 주변과 입술 사이의 경계선을 따라 꼼꼼하게 바르고 얼굴 전체색과 일치하는지 살펴보라. 그리고 마지막으로 손에 묻은 크림으로 얼굴과 귀 경계선, 귀 뒷부분 그리고 턱선과 목선을 따라서 자연스럽게 이어지게 발라 주라. 마지막으로 얼굴 전체를 보고, 모든 것을 꼼꼼하게 빈틈이 없는지 확실하시길 바란다.

코털이나 특히 턱 밑 깊숙이 있는 한두 가닥의 턱수염까지

다 체크하시길 바란다. 그리고 한 가지 잊지 말아야 할 것은 올린 머리를 하는 남자는 반드시 이마와 머리카락의 경계선도 꼼꼼히 발라 주고 체크해야 한다는 점이다.

  남자의 매력과 가치, 헤어와 스타일부터 피부까지 이 모든 것을 다 했을 때, 당신은 분명히 이런 생각을 할 것이다. "나는 특별한 무엇인가를 여러 가지 했어. 나는 분명히 다른 남자보다 차별화되고 멋쟁이가 된 것이야." 하지만 이것만은 알아 두자. 당신은 여성의 수준으로 보았을 때 비로소 남자 사람이 된 것이다.

2:2 플레이와 파트너십은 클럽나이트 소개팅 애프터 및 데이트 등 남녀가 2:2로 만나는 모든 상황을 말한다. 혼자 하는 유혹이 아닌 당신의 파트너가 있다면 반드시 공정한 룰이 있어야 한다.

09

변오1 연애술과

재오1 컨설팅

1장

2:2 플레이와
파트너십

먼저 2:2 플레이와 파트너십은 클럽나이트 소개팅 애프터

및 데이트 등 남녀가 2:2로 만나는 모든 상황을 말한다. 혼자 하는 유혹이 아닌 당신의 파트너가 있다면 반드시 공정한 룰이 있어야 한다. 이 룰은 내가 수년간 2:2 플레이를 하면서 만들어 낸 가장 공정하고 현명한 룰일 것이다. 이것을 바탕으로 조력자들끼리 더 좋은 자신들만의 룰을 만들어야 할 것이다.

또한 보통의 남자들은 자신만 고수가 되길 원하고 파트너는 들러리로 만들려고 생각하는데, 이것은 결국 당신에게도 불이익을 가져다 줄 것이다. 자신보다 뛰어난 사람과 파트너를 할 수 없다면, 자신과 마음이 맞는 파트너들을 선별해 그 파트너들과 같이 성장해 나가는 것이 가장 현명하다.

어떤 변수나 실패를 하게 되면 매우 적절하고 정확한 유혹의 기술로 진행을 하였음에도 불구하고, 그 사건을 계기로 올바르게 가고 있는 길을 틀어 버릴 수 있다. 이것은 자신의 연애인생에 매우 안 좋은 결과를 초래할 것이다.

그래서 진정성 있는 파트너가 있어야 한다. 필요에 의해 모이거나 혼자 잘난 파트너는 언젠가 배신한다는 사실 또한 알아야 한다. 처음 파트너를 선별할 때는 능력과 실력을 보는 것도 좋지만, 나는 그런 것보다는 믿을 수 있고 의리 있는 파트너가 중장기적으로 훨씬 좋다고 생각한다.

파트너를 선별하는 기준
1. 심성이 착하고 욕심이 없어야 한다.
2. 능력을 과시하고 계산적이기 않아야 한다.
3. 여자들 앞에서 같은 남자끼리 팀킬을 하지 않아야 한다.
4. 주사, 파이터, 난동꾼은 제외시켜야 한다.
5. 적은 금액으로 깐깐하게 굴지 않아야 한다(1만 원 이하).
6. 당신의 여자 파트너를 넘보지 않아야 한다.
7. 어프로치를 하지 않거나 당신이 하는 것만 평가하는 사람.
8. 실력도 없으면서(있어도) 잘난 척하는 사람.
9. 혼자만 잘되려는 사람.

이러한 기준을 바탕으로 좋은 파트너를 선별해야 한다. 서로 조언해 주고 격려해 주면서 경험이 쌓이면 실력은 늘어나기 마련이다.

초절정의 고수는 노력만으로 되는 것이 아니라 타고난 재능이 있어야 가능하지만, 중수 정도는 누구나 몇 달 몇 년 노력하면 다 될 수 있다. 그래서 오랫동안 같이할 수 있는 파트너가 더욱더 빛을 발하는 것이다.

또한 파트너의 실력이 당신을 능가하도록 서로 피드백을 해 주고 코치를 해 주어야 하는데, 유혹과 연애는 운동이나 공부처럼 열심히 노력한다고 해서 그래프 상승처럼 계속 올라가는 것이 아니다. 대충해도 잘되는 날이 있고, 정말 최선을 다해도 안 되는 날의 연속이 될 수도 있다.

그래서 파트너의 힘은 실로 대단한 것이다. 만나는 여자들마다 차이거나 거절당하는데 당신의 파트너가 당신만큼 잘해서 즉석메이드를 성사시킨다든지, 이번에 썸타는 몇 명의 여성 중 한 명의 친구를 함께 데리고 와 당신과 2:2 상황을 만든다면, 당신도 덩달아 잘될 것이기 때문이다.

또한 내가 미처 알지 못한 기술과 방법을 서로 공유하면서 토론하다 보면 의도치 않게 전혀 새로운 결론에 도달하게 되는데, 그것이 바로 독창적 유혹의 기술의 초석이 된다. 그러니 당신의 실력을 향상시키는 것만큼 좋은 파트너를 선별하고 서로서로 실력 향상을 추구한다면 시너지 효과는 매우 클

것이다.

2:2 플레이는 즉석만남이든 소개로 이루어지든 과정은 동일하다. 리더와 파트너를 선정해야 한다. 즉석만남에서의 2:2 상황이라면 어프로치를 해서 메이드를 성사시킨 사람에게 여성을 선택할 수 있는 선택권이 있다는 것을 룰로 해야 한다.

만약 당신이 자신의 여자 친구에 친구를 소개해서 2:2 만남을 하게 된다면, 모든 주도권은 당신에게 있다. 하지만 본인이 어프로치나 주선만 잘하고 진행을 잘 못한다면, 파트너에게 진행을 넘겨도 좋다. 그리고 파트너는 반드시 그것을 감사히 여겨야 한다. 왜냐하면 여자를 앞에 앉혀 놓고 잘 노는 일명 '차려진 밥상에 숟가락 얹기'는, 누구나 할 수 있기 때문이다. 그러니 그것은 능력이라고 할 수 없다.

유혹의 핵심이자 꽃 어프로치를 통해 없는 여자를 만들어 내고 없는 자리를 만들어 내는 것은 유혹자만의 위대함이자, 그것이 일반인과 다른 결정적 차별화이기 때문이다. 그래서 진행보다는 어프로치와 주선이 더 상위개념에 있고 더 고급 기술이기에, 모든 선택권과 주도권을 주는 것이다.

한 여자를 두고 절대 분열이 일어나서는 안 된다. 이번에 파트너가 나에게 양보했다면, 다음에는 내가 파트너에게 양보해야 하고 최단기간 그에 상응하는 보상을 해 주어야 한다는 것이다.

2:2 모임 플레이에 대한 공략법

클럽나이트 술집은 특성상 남자들의 어프로치를 받을 준비가 되어 있고 최소한 잠재적인 목적이 있다고 보기 때문에 소개팅, 헌팅, 소셜, 모임으로 알게 된 후 유혹방식 〈작업의 정석〉 3S 기법 같은 초정밀 유혹의 단계를 밟아 갈 필요는 없다.

이 경우의 여성들 대부분은 개방적이거나 성격이 좋다거나 세련되었다는 것이기 때문에 소극적인 모습보다는 강한 매력으로 호감을 산 후 유혹을 동시에 추구하는 것이 오히려 좋다. 즉석만남과 밤 문화의 특성상 그 어떤 장소에서 메이드가 성사되었을 시간이 새벽 1시라고 가정하자. 무한정 밤새 같이 노는 것이 아니라 해뜨기 전(평균 새벽5시)까지는 유혹을 끝내고 각자 파트너끼리 커플이 되어야 한다.

만약 길거리에 해가 뜬다면 갑자기 당신도 힘이 빠질 것이고, 여성도 꿈에서 깨어난 듯 이성을 되찾고 집에 가려고 할 것이기 때문이다. 그러니 해 뜨기 전 어두울 때 모든 것을 마무리 짓는 것이 좋다. 즉, 호감이 많아 어느 정도 친해졌으면 스킨십을 하고 마무리를 짓기까지 스피드하게 진행해야 한다는 것이다.

또한 즉석만남이든 소셜만남이든 만약 한 남자에게 2명의 여성이 모두 호감을 보낸다면, 그 남자는 허세를 부리지 말고 두 명을 모두 가질 수 있다는 환상도 갖지 말고, 처음 자신의 여자 파트너에게만 일괄되게 호감을 주고 친구의 여자 파트너에게 일괄적으로 비호감을 보내면서 친구를 도와주어야 모두가 잘될 수 있다.

2:2 상황을 만들 때 주의할 사항은 즉석만남에서는 그 특성상 틀이나 형식이 자유로운 분위기에서 2:2 유혹이 가능하고 둘이 같이 열심히 하면 좋은 결과가 생기지만, 소셜모임이나 여자 친구의 친구를 데리고 나오는 경우는 조금 다르

다는 것이다. 소셜만남이라면 미리 당신이 여자 친구(여사친, 썸녀)에게 네 친구 챙기지 말고 신호도 보내지 말며 끼리끼리 놀지 말고 남자들이 리드하는 대로 따라올 것을 숙지시켜야 할 것이다.

주선자도 썸녀랑 스킨십도 안 해 본 어색한 사이고 더 유혹을 해야 하는 상황에서 또 다른 친구들을 데리고 온다면 호감이 엇갈릴 수도 있고, 빠른 유혹으로 분위기와 친밀도를 쌓는 것이 쉽지는 않다.

2:2 소셜만남에서 주선자가 그 여성과 섹스까지 간 상황의 사이라면 모두가 더 잘될 수 있는데 그 커플의 컨트롤이 매우 중요하다. 그 커플이 초반□중반에는 재미와 흥미로 분위기를 올리고, 마지막 최고조에 이르렀을 때 스킨십을 하면서 그 흐름을 리드한다면 당신의 파트너 커플도 덩달아서 더 잘 이루어질 것이다.

전반적인 진행과 흐름 도중에는 최대한 남자 파트너들끼리 협력하고 신경을 쓰도록 해야 하고 반대로 여성들은 표정으로 신호를 교환하고 주고받게 하는 것은 좋지 않으므로 원천적으로 차단해 버려야 하며, 둘이 협력하는 사이 또한 만들어서도 안 되며 둘 사이에 약간의 분열이나 경쟁의 사이를 만들어 최소한 오늘 이 시간만큼은 개인이 되도록 해야 한다.

예를 들어 "너희 둘 정말 친구 맞아?", "네 친구 생일이 음력으로 언제야?", "별로 안 친해 보여서 더 보기 좋은데?", "너희 둘이 너무 친한 척하면 부담스러워."라고 한다면 여성들끼리 조금은 덜 협력하게 될 것이다.

이렇게 해야 마무리 단계에서 1:1유혹이나 커플끼리 분리되는 것이 수월할 것이다.

2:2플레이 감성자극하기

감성을 자극하는 방법에는 키노 에스컬레이션(점진적인 스킨십)과 섹슈얼 토크(점진적 야한 이야기)가 있다. 물론 유혹하는 과정에서 여러 가지 루틴이 사용되고 다른 요소가 대입될 수 있겠지만, 두 가지 당일클로즈를 위해 수반되어야 하는 것이다. 그 이유는 여성에게 성적인 감성을 점진적으로 자극을 가해 빠른 섹스로의 단계를 밟기 위함이다.

흔히들 남성들이 하는 실수는 거부감이 들거나 자연스럽지 못하거나 여성이 자신에게 확실한 호감을 보내기 전에 어떻게든 터치나 야한 농담을 이끌어 내려는 것이다.

만약 자신이 그럴 자신이 없거나 눈치가 없다면 친구를 받쳐주는 역할을 하는 것이 좋을 것이다. 이제 처음 메이드가 되었을 때 캐주얼 토크와 농담을 주고받으면서 친숙해졌을 때 키노 에스컬레이션과 섹슈얼토크를 이끌어 내기 위해 술게임으로 유도하는 것이 좋다. 술게임의 공식은 다음과 같다.

일반적인 재미위주의 게임 → 간보기 호감도 측정 게임(이미지, 있다 없다) → 섹슈얼 스킨십 게임(왕 게임)

일반적 캐주얼 게임은 궁극적으로 친해지고 분위기를 끌어올린 후 간보기 게임과 섹슈얼 게임을 하기 위한 사전작업에 그 목적이 있다.

간보기 게임은 말 그대로 이 여성들에 대한 간을 보는 게임이다. 여성들이 남자들에게 어느 정도 마인드가 오픈되어 있는지 그리고 여성의 호감이 누구를 향해 있고 어느 정도인지 파악하는 데 사용된다.

이런 간보기 게임은 초반단계부터 캐주얼 게임 중간 중간에 배치되어서 여성의 성향을 파악하고 재는 데 사용된다.

가장 대표적인 것이 바로 이미지 게임이다. 이미지 게임 상중하 난이도로 가는 방식은 여성의 간을 봄과 동시에 섹슈얼적 분위기를 높일 수 있다.

캐주얼 게임 2~3회 후 1회 사이로 간보기 게임을 넣는다. 자주 넣으면 의도적인 것으로 의심하기 때문이다. 그리고 게임을 하다 보면 중간 중간 전체 흐름이 끊기는 텀이 생기는데, 어색하게 있거나 새로운 무엇인가를 할 게 아니라 자신의 파트너에게 1:1로 집중하여 친밀함과 호감도를 높여야 한다.

있다 없다 게임

하루 만에 사랑에 빠져 본 적이 있다. (이성적 흥미)

처음 본 사람과 친해질 수 있다. (이성적 흥미)

소싯적 가출해서 앵벌이를 한 적이 있다. (유머와 재미)

소싯적 가출해서 앵벌이를 하다 팔려가서 외국어에 능통한 적이 있다. (유머와 재미)

이런 식으로 흥미와 재미를 끌어올리다가 수위가 낮은 성적 농담으로 넘어간다.

샤워 후 내 몸을 보고 반한 적이 있다. (낮은 성적 농담)

속옷 아래위를 깔 맞춤으로 입고 왔다. (낮은 성적 농담)

이미지 게임

가장 많이 사귀어 봤을 거 같은 사람 (이성적 흥미)

3일 연속 샤워를 안 해 봤을 것 같은 사람 (유머와 재미)

1박2일 여행을 이성과 가장 많이 가 봤을 것 같은 사람 (이성적 흥미)

이빨을 가장 안 닦을 것 같은 사람 (유머와 재미)

겉옷보다 속옷이 화려할 것 같은 사람 (낮은 성적 농담)

벗으면 몸매가 제일 좋을 것 같은 사람(이성적 흥미)

이중적 성적농담- 섹슈얼 농담으로 넘어가기 위한 단계
이성에게 가장 잘 줄 것('선물 또는 몸'이라는 이중성) 같은 사람
가장 많이 잘 것(잠자는 시간 또는 섹스) 같은 사람
-만약 여성들의 반응이 안 좋으면 좋은 뜻으로 정정하면
된다.

가장 원나잇을 많이 해 봤을 것 같은 사람 (최고 등급)
가장 섹스를 잘할 것 같은 사람 (최고 등급)

결국 재미로 시작해 점점 이성적 감정을 끌어올려 마지막
에는 성적 농담의 단계를 밟아 가는 것이 중요한데, 처음부터
성적 농담만 계속 한다면 여성들이 거부감을 가질 것이다.

분리작업

이렇게 분위기를 끌어올리면 이제 서서히 마무리를 지어
야 되는데, 분리하는 시점은 반대로 이야기하면 헤어질 시간

이 다 되었다는 것이다. 그래서 그 시점이 그냥 재미있게 놀고 헤어지는 시간이 안 되게 하기 위해 틈나는 대로 자신의 파트너를 유혹하는 데 주력해야 한다.

또한 4명이서 같이 친목을 최대한 도모하는 이유 중 하나가 당신의 친구가 여자 파트너와 섹스를 위해 나갔을 때 남겨진 여자가 자신의 친구를 걱정하거나 당신을 버리고 방해 공작을 하지 못하게 하기 위함이다.

여자 사용법과
유혹의 핵심

장기 연애데이트와 여성과의 관계를 계속적으로 지속하기 위해서는 크게 두 가지를 알아야 한다.

첫 번째, 예쁘게 말하는 법을 알아야 한다.
두 번째, 데이트에 대한 정확한 개념을 이해해야 한다.

보통 여자 친구랑 연애를 하면서 가장 많이 하는 실수가 바로 말실수이다. 이 말실수와 문자 실수는 절대 유의해야 할 조건들인데, 내가 〈연애의 기술〉에서도 언급했듯이 여자는 상처받은 것이 있으면(특히 남자에게) 거의 한평생을 기억

한다고 해도 과언이 아니라고 했다.

그녀가 다 좋은데 사실 다리가 약간 짧아서 스키니진이 안 어울리거나 당신의 취향이 치마나 원피스라고 가정 했을 때 "너 청바지 (안 어울려) 입지 마."라고 말하면 안 된다는 것이다. 그럼 남자들은 이렇게 생각할 것이다.

'단점을 지적하지 말라는 것이군요? 당연한 이야기를 하시네요. 결국은 싫은 소리 하지 말고 그냥 다 예쁘다고 하라는 말이네요?'

그것이 아니라, 이 개념을 정확하게 알아야 한다. 단점을 지적하지 말라는 것도 아니고 중요한 것은 예쁘게 말하는 법, 비유를 들어 내 뜻을 전달하는 간접화법을 알아야 한다는 것이다. "하영이는 라인이 좋아서 치마가 더 잘 어울려. 바지보다는 치마 입었을 때가 더 예쁘고 사랑스러워."라고 말해야 한다는 것이다

정말 신기한 것은 여자는 아무리 돌려서 이야기해도 그 안에 내포된 "너는 바지 입으면 안 어울려."라는 의도를 정확

하게 간파한다는 것이다. 그 이유는 여자는 당신이 보는 그녀의 몸매보다 더 자신의 몸매와 장단점에 대해 알고 있기 때문이다.

두 번째는 데이트에 대한 올바른 이해를 하는 것이다. 여기서 데이트를 정의하면, 남자와 여자가 즐거운 장소에서 맛있는 음식을 먹고 영화를 보고 술을 마시는 행위가 아니다. 데이트의 정의는 여성과의 사이에서 소통과 친밀감을 통해 이성적 호감을 상승시키고 신뢰를 확립하고 강화시키기 위한 것이다. 이성적 호감과 친해지기 없이는 절대 유혹을 시작할 수도, 진행할 수도, 관계가 진전되지도 않기 때문이다.

데이트의 외형과 겉멋에 집중하거나 신경 쓰기보다는 유혹하고 싶은 그녀와 함께 무엇인가를 하거나 유대감을 강화하는 것이 좋다. 데이트 기술은 여자를 어디로 데려갈 것인지 무슨 차에 태울 것인지 얼마나 럭셔리하고 멋지고 비싼 무언가를 해 주는 것이 아니다. 그보다는 빠르고 다양하게 친밀함과 유대감을 쌓는 방법일 것이다.

여성이 낭만적인 데이트를 생각할 때 그녀가 정말로 말하고자 하는 것은 함께 있던 남자가 어떻게 그녀와 강력한 감정적 유대감을 확립했는지, 그에 대한 과정이다. 이것을 모르는 남자들은 여자와 데이트하는 데 많은 돈을 쓰고도 아무런 관계진전을 이룰 수 없지만, 어떤 남자들은 만나자마자 모텔로 직행할 수도 있는 것이다.

근사한 곳에서 값비싼 무엇인가를 해야 한다고만 생각한다면, 오히려 격 없이 친해지는 데 방해물이 될 수도 있다. 여성과의 데이트라는 것은 이성적 매력과 친밀함을 형성할 수 있는 감성적 대화나 함께 무엇인가를 하면서 친해지는 것이다.

3장

나쁜 여자?
나를 좋아하지 않는 여자?

    '나쁜 여자 구별법'이라고도 할 수 있고, '나를 좋아하지 않는 여자 구별법'이라고도 할 수 있고, '개념 없는 여자 구별법'이라고도 할 수 있다. 관계에서 가장 안 좋은 것이 바로 한쪽이 일방적으로 참는 것이다. 아주 잘못된 관행 중에 하나가 연애의 기술이라고 해서 무조건 여성을 기쁘게 하고 호감을 이끌어 내는 것만이 연애의 기술이 아니라고 나는 말하고 싶다.

    자신을 힘들거나 슬프게만 하는 연애는 과감하게 정리할 줄 아는 안목과 방법을 가르쳐 주는 것도 연애의 기술 중 하나라고 말하고 싶다. 그래서 이번에는 만나면 안 되는 여자 유형에 대해 알아보겠다.

1. 일방적으로 데이트 비용을 남자에게 전가하는 여자(돈쓰는 걸 아까워하는 여자)
2. 특별한 선물 또는 물질적 요구를 하는 여자(내 생일인 거 알지?)
3. 모든 일정과 스케줄을 자기 위주로 잡는 여자(우리 동네로 오빠가 와. 싫으면 말고~)
4. 스킨십을 거부하거나 보상으로만 생각하는 여자(스킨십 거부, 혼전순결 강요)

첫 번째, 일방적으로 데이트 비용을 남자에게 전가하는 여자

가장 중요한 것이 있다. 바로 데이트비용인데, 이것이 순진한 남자들에게는 아무것도 아닌 것처럼 느껴지지만, 매우 큰 호감도와 애정도의 척도이다.

남자에게 돈을 쓴다는 것은, 남자 앞에서 자존감이 생명이라고 생각하는 한국에서 상당한 기준이자 척도이다. 나에게 데이트비용을 지불한다면, 그만큼 당신을 좋아한다는 것이다. 그리고 당신에게 데이트비용을 지불하지 않는다는 것은 당신에게 투자나 돈을 쓸 가치가 없거나 언제 안 보거나 끝날 사이일지 모른다는 생각일 수도 있다.

대부분의 연애 초보자들은 호감을 가지고 만나는 단계에서나 연애를 막 시작하는 단계에서 그녀의 속마음을 도저히 알 수 없을 것이다. 그래서 가장 쉽게 파악할 수 있는 척도가 바로 여성의 데이트비용 지불이다. 많이 지불하는 만큼 당신을 생각한다는 것이다.

또한 당신이 계산할 때 옆에 있어 주는 여성이 당신이 접대한 것에 감사해하는 마음이 있는 것이며, 그 대가에 대한 존중을 해 주는 것이다. 그런 여자가 좋은 여자이다. 남자가 계산할 때 여자는 밖에 나가 있는 것이 매너라는 인터넷에 떠도는 말은 진실이 아니다. 여자들은 남자와의 관계에서 조금이라도 유리한 입지를 차지하기 위해 자신들의 입맛대로 온갖 공식을 만들어 낸다. 나는 남자들이 그것에 속지 않았으면 한다.

내가 수백 수천 번의 유혹을 해 보았지만, 내가 계산할 때 대부분 나를 진정성 있게 좋아해 주는 여성들은 같이 옆에 있어 주었으며 계산 후 "오빠, 잘 먹었어요. 다음에는 제가 살게요."라고 하면서 팔짱을 끼거나 그런 사이가 아니라면 느낌이라도 전달해 주었다.

여성은 절대 책임지는 난처한 상황에서 좋아하는 사람이 혼자 해결하게 내버려 두지 않는다. 함께 해결하거나 극복하거나 최소한 응원해 주는 차원에서라도 같이 있어 주거나 있기를 바라는 것이 여성의 근본적 습성이기 때문이다.

두 번째 특별한 선물 또는 물질적 요구를 하는 여자

이것 또한 하나의 척도라고 할 수 있다. 여성은 그 남자를 진심으로 좋아한다면, 아무것도 바라지 않는다. 남자가 그 여자를 사랑하면 "아무것도 필요 없고 숟가락만 들고 오세요."라고 말하듯이 여자도 마찬가지라는 것이다. 즉, 남자나 여자나 사랑할 때 진심으로 좋아할 때 그 마음만은 다 같다는 것이다.

나는 지금까지 여성에게 받은 선물이 더 많다. 왜냐하면 나는 여성에게 선물을 해 주지 않기 때문인데, 이는 여성이 진정으로 원하는 것은 나의 이성적 매력과 즐거운 대화를 통한 친밀감 형성이지, 물질적 선물이 아니라는 것을 알고 있기 때문이다.

심지어 나는 흥미를 잃어 연락을 소홀히 하는 여성에게 "오빠가 요즘 돈이 없어서 만나자고 하기가 미안해서 그래." 라고 말했을 때 나를 진심으로 좋아해 주었던 대부분의 여자들은 "오빠, 이유가 겨우 그것 때문이야? 내가 사 줄게. 대신 오빠도 나중에 나 맛있는 거 사 줘야 돼!"라고 했다.

즉, 그녀들이 나에게 화를 내거나 분노하거나 돌아서는 이유는 내가 그녀에게 연락을 소홀히 할 때나 사랑이 식었다고 느낄 때나 무관심하다고 느낄 때이지, 선물을 안 해 준다거나 데이트비용을 지불하지 않아서가 아니라는 것이다.

세 번째, 모든 일정과 스케줄을 자기 위주로 잡는 여자
나 앞에서 이기적으로만 행동한다면 그것은 당신을 좋아하지 않는 여자라고 표현하고 싶다. 또한 당신을 만만하게 보는 것이라고 말하고 싶다. 물론 말이 아닌 글자의 특성상 전달력의 오해가 있을 수 있음을 미리 알린다. 여자가 일방적인 자신이 좋아하는 것을 강요하거나 자신의 스트레스를 당신을 푸는 행위를 당해 본 적이 있는가?

결론부터 말하면, 당신을 그렇게 좋아하지 않기 때문이다. 더 솔직히 말하면, 당신 같은 남자는 또 만날 수 있거나 자신은 당신과의 관계에서 전혀 아쉬울 것이 없다고 생각하기 때문에 하는 행동이라고 봐도 좋을 것이다.

네 번째, 스킨십을 거부하거나 보상으로만 생각하는 여자
스킨십이나 섹스를 싫어한다고 말하거나 미루는 행위다. 우리 남자들이 아주 착각하는 것이 여성들은 스킨십이나 섹스를 싫어하는 것이 아니라 단지 처음 그 대상을 선택할 때 까다로울 뿐 선택한 남자와는 매우 자주 한다는 것이다.

여성이 당신을 좋아한다면 자신이 하기 싫더라도 "오빠가 좋다면 저도 좋아요."라는 뜻으로 하루에 10번도 응할 것이다. 그러나 별다른 이유가 없음에도 핑계를 대면서 자신에게 터치하는 것을 방어하거나 섹스를 미루고, 이것을 미끼로 다른 것을 요구하거나 당신의 노력에 보상으로 한다면 마음속으로 이별을 준비해야 할 것이다.

앞에서 나오는 여러 가지 반응을 지속적으로 보인다면, 이별을 준비해라. 나는 우리 착한 남자들에게 말하고 싶은 것이 내가 아무리 좋아해도 상대여성이 이런 식으로 나온다면 포기할 줄도 알아야 하고 정리할 줄도 알아야 한다는 것이다. 나만 좋아서 계속 관계를 끌고 가는 것은 당신의 인생에서도 좋지 않다.

사랑으로 받은 상처는 다른 여성의 사랑으로 충분히 채울 수 있으니, 여자를 상대할 때 혼자만의 환상에 젖지도 말 것이며 혼자 좋아한다고 관계를 일방적으로 계속 유지하지도 말라는 것이다. 먼저 이별을 통보하지는 못하더라도 최소한 마음의 준비를 하고 당신의 업무나 일상에 전혀 영향이 없게끔 해야 한다. 왜냐하면 당신은 그녀보다 소중하기 때문이다.

4장

재회컨설팅,
이별 후 여자 심리

그녀를 좋아하고 사귀게 되어 점점 사랑이 커지면서 신뢰가 쌓였다. 우리는 가족같이 편안하다고 확신하고, 그녀를 잠재적 배우자로 생각하면서까지 가깝게 지내다가 어느 날 이별을 통보받게 된다. 대부분은 갑자기 이별통보를 받는다고 생각하지만, 절대 그렇지 않다.

확신하건대 여성은 절대 갑자기 이별을 통보하지 않으며, 그 징후가 일정 기간부터 나타난다. 내가 〈연애의 기술〉과 〈작업의 정석〉에서 그렇게 많은 여성의 심리와 본성에 대해 언급한 것을 잘 파악하고 점점 실력이 증진한다면, 이런 모든 징후들이 보이고 느껴질 것이다.

갑자기 이별을 통보하는 이유는 여러 가지가 있겠지만, 가장 핵심은 바로 일정 기간 그녀랑 사귀면서 사실상 남자에게 조금씩 실망하거나 단점을 발견하고, 점점 이성적 매력이 떨어지게 되는 것이다. 물론 사랑도 습관이 되어서 그 상대에게 익숙해지게 되는 것을 우리는 '정'이라고 이야기하고, 그 정이라는 것이 쌓이게 되면 연인 사이에서 강력한 힘을 발휘하는 것은 부인할 수 없다.

그나마 다행인 것은 물론 모든 경우는 아니겠지만, 사랑에 있어 정이 들게 되면 남자보다 여자에게 더 강력하다는 것이다. 남자는 여성이 지겨워지면 돌아서거나 몰래 다른 여자를 만나 보기도 하겠지만, 통상적으로 여성은 한 남자에게 정착하는 경향이 짙다.

그러나 어느 순간 오해나 실망이 쌓이고 쌓여서 분노나 미움, 섭섭함이 폭발하게 되면 그것이 이별로 이어지게 된다고 볼 수 있다.

하지만 이렇게 분노나 한순간의 감정으로 폭발해 다투게 되는 대부분의 경우는 화해와 재결합으로 이어진다. 그동안의 정이 쌓였기 때문에 다시 한 번 더 기회를 주고 싶고, 상대에게 익숙해졌기 때문에 쉽게 이별을 할 수는 없을 것이다.

정말 무서운 것은 일정 기간 동안 그 상대방의 실망스러운 언행 패턴이 반복적이고 상습적으로 이루어지는 것이라고 할 수 있다. 이 특정 언행 패턴이 상대방을 일정 기간 실망과 분노, 섭섭함을 지속적으로 쌓이게 한다면, 그것은 결국 '결심'으로 이어지게 되는데 이는 매우 무서운 것이다.

여성은 처음 호감을 이끌어 내고 좋아하게 만드는 유혹의 단계에서는 남자에게 단 한 번의 기회만 줄 만큼 냉정하지만, 일단 사랑에 빠지면 그 남자에게 매우 관대하다. 하지만 사랑에서 헤어나게 되면 처음 만났을 때의 냉정함을 되찾는다. 그래서 여성이 일정 기간 이성적으로 반복해서 결심한 이별은 다시 돌리기 힘들다고 할 수 있다. 여자가 이별을 나타내는 징후들을 정리하면 다음과 같다.

1. 연락이 갑자기 안 되고 스케줄의 변화가 생긴다.
2. 나에게 보내는 호감도가 감소하거나 아닌 척 거짓 호감도를

보낸다.

3. 투자 및 호의가 줄어들고 스킨십이나 섹스를 거부한다.

물론 이것은 가장 확실한 징후들이지만 어디까지나 최후의 보루 같은 징후이다. 그전에 이미 여성의 얼굴이나 말투, 태도 등에서 모든 징후가 나타나는데, 이성적 경험이 많은 남자이거나 원래 눈치가 빠르거나 영리한 남성이 아니고는 대부분 알아차리기 힘들다.

따라서 이런 상황이 오기 전에 미리 여성을 잘 관리하고 파악하는 것이 좋다. 하지만 어디까지나 그녀의 취향에 맞는 것이어야지, 남자의 일방적인 관리나 호의는 바람직하지 않다. 나의 기술에 '유형별 여자', '칼리브레이션(맞춤형 유혹)'이라는 말이 많이 등장하는 것도 그 이유이다. 즉, 그녀가 좋아하는 것과 싫어하는 것, 진정 바라는 것을 잘 알고 있을 필요가 있기 때문이다.

그럼 이제 이별하게 되는 실질적 원인과 이유에 대해 알아보자.

1. 처음부터 진지하거나 좋아하지 않은 경우

남자도 그럴 수 있듯이 여성들도 죽고 못 살아서 연애하는 것은 아니다. 단지 지금 외롭거나 이성 친구 등 누군가가 필요해서 당신을 선택했을 가능성도 충분히 있다. 이런 경우는 드물지만, 우연히 아무 생각 없이 사귀는 경우도 있다는 것이다.

모든 연인이 진심으로 사랑해 사귄다는 환상을 버려야 할 것이다. 사실은 아주 다양하고 다채로운 이유로 사귀는 경우도 많다는 것을 알아야 한다. 그런데 문제는 한쪽이 사랑이 아닌 여러 가지 이유로 사귀었는데 다른 한쪽은 정말 좋아해서 사귀는 입장이라면, 서로 연인으로 보낸 시간과 이별에 대한 해석과 관점이 전혀 달라진다는 것이다.

즉, 이런 경우는 한쪽이 나쁜 여자 혹은 나쁜 남자가 될 확률이 높으며 이별을 통보받은 한쪽에서는 이용당하거나 농락당했거나 놀아났다는 기분이 들기에 충분할 것이다. 그래서 사귀는 동안 일방적으로 나 혼자만의 감정에 도취되어 시간을 보내지 말고, 한쪽의 애정도나 나에 대한 호감도 파악, 즉 칼리브레이션을 하는 것도 아주 중요하다.

한쪽이 처음부터 진지하지 않거나 그렇게 큰 기대나 마음 없이 그냥 사귀는 것은 이별도 크게 상처나 결단 없이 선택할 수 있는 것이다.

2. 편안함과 신뢰가 부족한 경우

이성적으로 매력이 생기고 호감이 늘어 가는 단계에서 자주 만나고 추억과 좋아하는 마음이 커져 가지만, 여성이 가장 중요하게 여기는 것은 진심이나 진정성 있는 만남이다. 설렘이나 긴장감도 좋겠지만, 언제까지나 그렇게 만날 수는 없는 것이다.

더 끈끈한 감정적 · 정서적 유대감을 쌓기 위해서는 가끔씩 깊은 이야기를 하는 것이 좋다. 사람에게는 누구나 다 단점이나 걱정이 있기 때문에, 이런 것을 아무런 조건 없이 순수하게 나눌 수 있는 사이가 된다면 더 좋을 것이다.

이런 사이가 되면 여성이 당신과 한배를 같이 탄 공동운명체 또는 최소한 '너는 내편'이라는 동질감을 느끼게 하고, 내편이라는 것은 여성에게 실제로 상당한 믿음을 준다. 그래서 유혹을 하고 난 다음, 연인 사이에서 편안함과 신뢰를 형성하는 필수코스 중 하나이다.

처음 알게 된 후 바로 감성적 · 정서적 유대감을 형성한다면 좋은 친구로만 남을 수 있겠지만, 이성적 감성과 호감을 이끌어 낸 후 깊은 유대감을 형성한다면 잠정적 배우자 또는 진짜 내 남자 친구라는 타이틀을 받을 수 있다.

또 다른 이유에서도 왜 편안함과 신뢰가 중요하냐 하면, 어떤 이유로든 시간이 지속되면 이성적 매력은 떨어지게 되어 있고 단점을 발견하게 되거나 지겨움을 느끼게 되어 있다. 이렇게 이성적 매력이 점점 떨어지는 것은 당연한 현상으로, 그 빈 공간을 유대감과 편안함 신뢰가 채워 주면서 연인관계를 유지할 수 있는 힘이 되는 것이다.

3. 지속적인 다툼과 성격 차이가 있는 경우

이는 사실 여성이 얼굴만 예쁠 때 주로 겪는 경우가 많다. 탄탄한 몸매나 외모에 반해 일단 유혹하고 보자는 식으로 늘 시작했고, 막상 유혹하고 보니 나랑 성격이 너무 안 맞는 경우가 대부분이었다. 이처럼 성격 차이나 서로의 습관이나 취향이 맞지 않는 경우, 잦은 다툼을 하게 될 것이다. 이 과정에서 서로 쉽게 만났다면 헤어지는 경우가 더 빨라진다는 것이다.

예전에는 이러한 어려움을 연애의 기술로 한번 극복해 보겠다고 생각해 상대방에게 최면기법에 의한 반복 세뇌교육 같은 것을 해 보았다. 그러나 일시적일 뿐 근본적인 해결책은 안 되었다. 또한 어설프고 주도면밀하지 않게 여성을 일방적으로 설득하거나 나에게 맞추기만을 요구한다면, 더 큰 분쟁이 생길 것이다.

그래서 그녀의 취향이나 특성, 스타일 등 그녀의 독립적 인격을 존중해 주고 권위를 인정해 줘야 한다.

〈작업의 정석〉에서 여성에게 예쁘게 말하는 법을 알아야 한다고 했는데, 그 이유가 이 부분에서도 역시나 빛을 발한다. 민감한 부분을 말하게 된다고 했을 때, 어떻게 말을 시작해 어떻게 대화를 이끌어 나가고 적절한 마무리를 이끌어 내느냐는 중요한데, 사실상 여자가 남자를 싫어하거나 일부러 시비를 걸어 이별을 하려고 마음먹지 않는 한, 문제해결의 역량은 대부분 남자의 몫이 될 것이다.

만약 여성이 어느 특정 상황에 이해할 수 없는 언행을 한다면, 그것을 질타하지 말고 그것에 대한 깊은 속마음을 〈작업의 정석〉 '멀티 임플리케이션'의 기법으로 나누는 것이다. 그러면 한층 더 서로를 이해할 수 있게 될 것이다.

4. 다른 이성에게 매력을 느끼거나 생긴 경우

권태기가 지속되거나 이성적 매력이 떨어지고 유대감을 형성해도 지겨움을 느끼거나 처음부터 그냥 사귀거나 자신의 애인에 대한 소중함을 느끼지 못하는 등 다양한 이유로 다른 이성에게 더 흥미와 이성적 감정에 끌리게 되는데, 사실상 연애라는 이 모든 것 또한 시장경쟁이기 때문이다.

더 좋은 이성이 나타나면 눈에 들어오는 것은 당연한 것이다. 지금 가지고 있는 차가 매우 훌륭하더라도 더 좋은 성능과 디자인의 차가 출시된다면 기존의 차에 대한 매력이 떨어지는 것처럼 말이다.

다른 이성에게 매력을 느껴서 여자 친구가 떠나가는 것에 대부분 분노하지만, 내가 해 줄 수 있는 말은 사실상 자신을 진정 돌아보아야 한다. 상대방이 진짜 실력의 유혹자라 할지라도 일반인 남자 친구가 그녀를 지키는 것이 훨씬 더 쉽기 때문이다.

5. 경제적 요인이나 미래가 보이지 않는 경우

많은 남자들이 착각하는 부분 중에 하나는 여자는 돈 많은 남자를 좋아한다는 것이다. 물론 돈과 권력이 미녀를 가질 수 있는 무시할 수 없는 부분이고 영향력을 가지는 것은 분명한 사실이다. 하지만 돈과 권력만 가지고서는 미녀를 유혹할 수 없다는 것이 내 생각이다. 내가 수많은 여성을 유혹하고 만나 보았지만, 돈 때문에 나를 만나는 여성은 거의 없었다.

즉, 여성을 유혹하는 데 있어서 남자의 매력과 연애의 기술, 사회적 지위나 능력 등 여러 가지가 혼합해서 이루어지는 것이지, 돈 때문에 유혹이 이루어지는 경우는 극히 드물다고 말하고 싶다.

내가 내린 결론은 이렇다. 돈만 보고 그 남자를 사랑하는 여성은 거의 없지만, 사랑을 지키기 위해서는 반드시 경제적으로 힘이 있어야 한다.

또한 너무 이타적인 남자들 중에 연인에게 많은 투자를 하고 자기계발과 매력 등에는 관심을 기울이지 않는 사람이 있는데, 이것은 여성의 입장에서 잠재적 이별의 원인이 되기도 한다. 처음 만나서 연애할 때는 멋졌는데, 발전하는 모습이 안 보인다면 이 남자에게서 더 좋은 미래를 발견하지는 못하게 될 수도 있기 때문이다.

6. 속궁합이 안 맞거나 성적 매력이 떨어진 경우

속궁합이 안 맞아서 혹은 성적 매력이 떨어지는 것은 남자들이 여자들보다 조금 더 민감하거나 이별과 사랑에 중요한 요인으로 여긴다. 여성은 속궁합이 조금 안 맞는다 할지라도 남자에게 스킨십이나 섹스 자체만으로 사랑받고 있다는 것을 충분히 느낀다면 어느 정도는 극복하기 때문이다. 그러나 그 여성의 성적 취향도 분명히 있다는 것을 알아 두고, 그녀가 원하는 것도 충족시켜 줄 수 있다면 당신에게 더 만족할 것이다.

여성의 음식이나 옷 등 여러 가지 취향이 분명히 존재하듯이 섹스에도 자신의 성적 취향이 분명히 존재한다. 많은 여성들이 애인이나 남편이 일방적으로 하는 섹스를 가장 싫어

한다고 하니, 그녀의 반응이나 소통을 통해 점점 알아 가면
서 상호만족에 이르게 되면 더 사이를 유지하고 만족하는 데
기여할 것이다.

5장

헤어진 여자 친구
잡는 법

대부분은 이별을 먼저 통보받게 되면, 마치 핵폭탄이라도 맞은 것처럼 우왕좌왕 엄청난 정신적 충격과 믿을 수 없다는 반응을 보인다. 그러나 당신의 이 반응 자체가 사실상 잘못된 것이다. 왜냐하면 나는 분명히 앞에서 여성은 절대 갑자기 이별을 통보하지 않으며, 그 징후를 반드시 보인다고 했기 때문이다. 만약 그런 것을 못 느꼈다면 여성에 대해 더 연구하고 경험을 쌓아서 숙련자가 되어야 하며, 최소한 이별에 준비를 하든지 아니면 이별을 사전에 예방하는 수준에 이르러야 한다.

그러나 원하든 원하지 않든 이별을 통보받게 된다면, 절대 그것에 대해 즉각적으로 대응하면 안 된다. 놀란 마음에 아무 생각 없이 즉각적으로 대응을 하게 된다면 더더욱 실수를 하거나 올바른 판단을 하지 못하기 때문이며, 다음에 다시 연락할 기회조차 만들 수 없게 되기 때문이다.

예를 들어 "오빠, 우리 이제 그만 만나. 오랫동안 생각해 봤는데 우린 인연이 아닌 것 같아."라는 말을 듣고 즉각적인 반응을 하게 된다면 서로 싸우게 되거나 해서는 안 될 말까지도 하게 될 것이 분명하다. 아직도 그녀를 좋아한다면 내가 인정하고 과거형으로 만드는 것이 아니라 '~ing 진행형'으로 만드는 것이다.

이별을 통보받았을 때의 대처법

첫 번째, 수신 자체를 하지 않는다.

이것은 일종의 심리전이 될 수도 있는데 "오빠, 우리 이제 그만 만나. 오랫동안 생각해 봤는데 우린 인연이 아닌 것 같아."라는 메신저를 보냈다면, 수신 자체를 하지 않는 것이다. 답장을 전혀 하지 않는 것도 될 것이다. 전화를 한다면 받지 않는 것도 좋은 방법이다.

그냥 그대로 아무 반응도 보이지 않는 것이 한 방법인데, 이렇게 하는 이유는 다음에 연락할 수 있는 기회를 만들기 위함이다.

문자에 답장도 안 오고, 이별통보를 하려고 전화를 했는데 오히려 상대방이 감감무소식이라면 "뭐지? 혹시 무슨 일이 생겼나?"라고 걱정을 할 수도 있다. 그리고 운이 좋으면 그 걱정은 곧 연민이 될 수도 있기 때문이다.

그렇게 시간을 번 후 스스로 이별에 대한 성찰을 가지거나 대응할 수 있는 방법을 충분히 생각하고 나서 그녀를 설득할 준비나 방법을 어느 정도 만든 후 연락을 하게 된다면, 더 좋은 결과를 이끌어 낼 수 있을 것이다.

두 번째, 일단은 그것을 받아들이고 시간을 갖는다.

만약 앞에서 말한 상황과 대조되게 그 이별을 받아들일 수밖에 없다면, 그것을 인정하는 것이 좋다. 현실을 빨리 받아들이고 꼭 그 여성과 다시 만나지 않아도 좋으니, 다음에 만나게 될 여성과는 같은 이별을 하지 않도록 그동안의 연애시간을 되돌아보는 것이다.

　대부분의 연인들은 자신의 잘못이 무엇인지 모른다. 혹은 잘못은 아니더라도 상대방이 좋아하는 것과 싫어하는 것을 이해하지 못하거나 인지하지 못한 상태에서 싸우거나 성격이 안 맞는다는 생각이 들게 된다. 싸움의 원인은 항상 있다. 그것은 자신의 성격을 고치지 못하는 것일 수도 있고, 상대방을 이해하려고 노력하지 않는 고집이거나 자라 온 환경에 의해 형성된 성격 때문일 수도 있다.
　상대방의 자라 온 환경의 경우는 사실상 서로의 의견 차이나 생활방식 차이에서 나타나는데, 진심으로 이야기기를 하라는 것은 속앓이를 했던 것이나 자신이 그러한 부분에서 왜 이해하지 못했고 어떻게 받아들였었는지를 말하며 오해를 푸는 것이다.

　가령 "나는 대부분 이런 경우에는 이러한 경험이 많아서 내 방식대로 해석한 거야. 그런 의도로 말한 것은 아니었는데 네가 그렇게 이해했다면 그건 오해라고 말하고 싶어."라고 상대방에게 알리는 것이다.

내용에 나오는 사진은 설정된 모델로써 책 내용과는 무관하며 사진저작권은 저자에 있어 무단 인용 소장 배포등을 불허합니다.

저는 20대에 처절하고 잔인한 거절을 받으면서 유혹의 기술자가 되기로 마음을 먹었습니다. 그 후 수많은 노력 끝에 오늘날에 제가 있는 것입니다. 지난날의 뼈아픈 거절과 이별은 내가 더 성장하기 위한 밑거름이라고 생각하고, 열심히 노력했으면 좋겠습니다. 이것이 제가 마지막으로 드릴 수 있는 말입니다.

또한 여성들에게도 스스로 남자를 선택할 권리가 있다는 권위를 인정해 주시길 바랍니다. 5천 년 동안 '여성은 가지는 것이다.'라는 구조와 방식이 이어졌지만, 이제는 시대가 완전히 달라졌습니다. 스스로 열심히 선택받기 위해 노력해야만 여성에게 선택을 받을 수 있는 세상이 되었고, 앞으로는 이러한 경쟁이 더욱더 치열해질 것입니다. 그러니 가치 있고 매력적인 남자가 되기 위한 노력을 게을리해서는 안 될 것입니다.

　　저는 이 시대에 살고 있는 남자들이 더욱더 세련되고 멋진 남자가 되었으면 좋겠습니다. 제가 이 유혹의 기술들을 공유한다고 해서 저에게 할당된 여성들을 빼앗기는 것이 절대 아닙니다. 우리 남자들끼리도 좋은 연애의 기술을 공유하여 더 발전한다면, 여자들도 긍정적으로 생각할 것입니다. 과거에는 "멋진 남자들이 없어."라고 했다면 요즘은 "왜 이렇게 괜찮고 멋진 남자들이 많지? 나도 연애하고 싶다."라고 되어야 할 것입니다.

　　우리 문화는 우리 스스로가 만들어야 한다는 것입니다. 지금 우리가 알고 있는 전혀 사실과 다른 왜곡된 여성 심리는 우리 선대가 만들어 놓은 문화의 결과물입니다. 가장 위대하고 거룩한 신이 인간에게 부여한 궁극의 사명이자 본능인 '좋은 짝 찾기'의 기술과 행위에 대해 우리나라는 가장 천대하고 멸시하면서도, 가장 알고 싶어 하고 가장 부러워하면서 배우고 싶어 하는 부분이 되는 기이한 문화가 형성된 것입니다.

결국 그 피해는 현대의 우리와 후대의 우리 자식들이 지고 가는 것입니다. 우리 후대에게 또 이런 문화를 물려주시겠습니까? 그것은 지금 이 시대에 사는 우리가 바꾸면, 우리 후대는 우리의 바람대로 살 수 있습니다.

제가 알고 있는 이 방법이나 기술들이 사실은 전혀 새로운 것이 아니며 그리 대단한 것도 아닙니다. 단지 연애에 무지한 한국 사회에서 제대로 된 교육을 받지 못해 제가 대단해 보일 뿐입니다.

평소 한국에 올바른 연애지침서가 없다는 것에 아쉬움이 많았습니다. 그래서 더더욱 완성하고 싶었고, '그것을 내가 하면 어떨까?' 하는 마음을 늘 가지고 있었습니다. 저의 저서 세 권에 최소한 부끄럽지 않으며, 대한민국의 모든 남자들이 읽고 의식이 깨어나서 생각을 바꾸었으면 좋겠습니다.

조선의 무인이라면 조선의 무예를 완성해야 한다.

－무사 백동수 中 검선(儉仙)－

－Kenshin－